> 美国心理学会情绪管理自助读物
>
> 成长中的心灵需要关怀 · 属于孩子的心理自助读物

学习不专心，怎么办？

帮助孩子提升**学习力**和**专注力**

[美] 约书亚·希夫林（Joshua Shifrin） 著
[美] 特蕾西·西村·毕肖普（Tracy Nishimura Bishop） 绘
刘洁含 译

The Homework Squad's
ADHD Guide to School Success

化学工业出版社

·北京·

The Homework Squad's ADHD Guide to School Success, by Joshua Shifrin, illustrated by Tracy Nishimura Bishop.

ISBN 978-1-4338-3375-5

Copyright © 2021 by the Magination Press，an imprint of the American Psychological Association.

This Work was originally published in English under the title of: **The Homework Squad's ADHD Guide to School Success**, as publication of the American Psychological Association in the United States of America. Copyright © 2021 by the American Psychological Association APA. The Work has been translated and republished in the **Simplified Chinese** language by permission of the APA. This translation cannot be republished or reproduced by any third party in any form without express written permission of the APA. No part of this publication may be reproduced or distributed in any form or by any means，or stored in any database or retrieval system without prior permission of the APA.

本书中文简体字版由 American Psychological Association 授权化学工业出版社独家出版发行。

本版本仅限在中国内地（不包括中国台湾地区和香港、澳门特别行政区）销售，不得销往中国以外的其他地区。未经许可，不得以任何方式复制或抄袭本书的任何部分，违者必究。

北京市版权局著作权合同登记号：01-2024-5972

图书在版编目（CIP）数据

学习不专心，怎么办？：帮助孩子提升学习力和专注力 /（美）约书亚·希夫林（Joshua Shifrin）著；（美）特蕾西·西村·毕肖普（Tracy Nishimura Bishop）绘；刘洁含译. -- 北京：化学工业出版社，2025.7.（美国心理学会情绪管理自助读物）. -- ISBN 978-7-122-47931-0

Ⅰ. G442-49；B842.3-49

中国国家版本馆 CIP 数据核字第 2025FU4024 号

责任编辑：郝付云　肖志明　　　　　装帧设计：梁　燕
责任校对：刘　一

出版发行：化学工业出版社（北京市东城区青年湖南街13号　邮政编码100011）
印　　装：中煤（北京）印务有限公司
710mm×1000mm　1/16　印张8　字数80千字　2025年7月北京第1版第1次印刷

购书咨询：010-64518888　　　　　售后服务：010-64518899
网　　址：http://www.cip.com.cn
凡购买本书，如有缺损质量问题，本社销售中心负责调换。

定　价：49.80元　　　　　　　　　　　　　　　　　　版权所有　违者必究

目录

学习小组来了		1
第1章	解决阅读5大难题	11
第2章	让数学变得更容易	26
第3章	提高写作能力	38
第4章	上课听讲不走神	46
第5章	设定合理目标	58
第6章	如何高效记笔记	68
第7章	提高学习效率	78
第8章	专注力提升有妙招	88
第9章	增强记忆力	96
第10章	考个好成绩	104
第11章	克服拖延	114
寄语：成功离不开坚持与努力		123

献给玛雅、吉拉德和伊丹——你们是我的一切。
　　　　　　　　　　——约书亚·希夫林

献给安德鲁——你让我每天都学到很多。
　　　　　　　　　——特蕾西·西村·毕肖普

学习小组来了

　　我叫亨特，妈妈说我的身体里简直像装了一个发动机，我也不知道这是什么意思。我只知道自己坐不住，我会轻轻地跺脚、玩铅笔。有一回在课上，我甚至从椅子上摔了下来！你能想象我当时有多尴尬吗？

　　我试过专心听老师讲课，我发誓我真的试过。可有时候，当我努力想听老师讲课时，我会分心走神，开始做白日梦，梦见我正在听老师讲课。你会觉得我疯了，对吧？好吧，如果你正在读这本书，我猜你能够感同身受。

　　我有"注意缺陷多动障碍（ADHD）"，也就是大家常说的"多动症"。我知道自己并不笨。说起来有点奇怪，当我对某件事感兴趣——我是说非常感兴趣的时候——我就能集中注意力。我能记住最喜欢的橄榄球队中所有优秀球员是哪里人，上过哪所大学！我也很善于解决问题，为了不想陪妹妹玩，我可以假装自己很忙，在房间里走来走去。我也是一个很有趣的人，虽然我妹妹不这么认为，但她还只是一个小婴儿，什么都不懂。

　　爸爸妈妈告诉我，好动让我与众不同。我想这的确如此，但是它有时候也会让人非常恼火。当爸爸和我说要更努力地集中注意力时，我简直要疯了。他以为我想这样吗？

有时候，好动、静不下来、容易分心会让人很痛苦，坐在教室里认真听讲太难了，更别提完成课后作业了。我真是受够了！我要行动起来！别忘了，我可是很善于解决问题的！

在得到父母和校长威尔逊先生的允许后，我打算在学校贴传单。在大家早上到校之前，我就赶到了学校，校长让我先进去了，这样就没有人知道是我贴的传单。传单上是这么写的：

如果你有多动症，难以集中注意力，或者只是想取得更好的成绩，放学后请到223教室集合。

和你志同道合的小伙伴

老实说，我有点担心没人会来，或者来的人只是为了嘲笑我。所以你可以想象，当我们班上的三个同学出现时，我有多么兴奋和害怕。

迈克尔是全年级最高的学生，是个很棒的运动员，每次组队他总是第一个被选中，但是他对此相当淡定。我是说，只要他想，他每次都能得分，但是他还是会传球给别人，即使是打得不那么好的小伙伴。他从来不骄傲自满。

普丽莎有一头棕色的长卷发，性格超级好。她在过生日那天给同学们带了自己做的纸杯蛋糕，上面撒满了星星糖，还用草莓糖霜把每个同学的名字写在了蛋糕上。

第三个人是马特奥，班里的开心果，他总能讲出好玩的笑话，让大家捧腹大笑。比如在音乐课上，他问我们为什么作曲家用了10年才完成了一首催眠曲，因为它总是催他入眠。他甚至能一边打嗝一边背出整个字母表。

最让我们震惊的是，我们都不知道对方有多动症。我们聊了多动症是如何影响我们的。当然了，它不仅有不好的方面，也有好的方面。

普丽莎说多动症让她更有艺术品位。我看过她的作品，估计全校的师生都看过，她是个了不起的小小艺术家！她连续两年在学校举办的艺术展览会上拿到了第一名。她的"发现艺术"作品就是用了一些和艺术根本不沾边的东西创作的。

马特奥说多动症让他很幽默，因为他的大脑总能不由自主地想出新的笑话。大多数学生放学后都会去参加各种运动，但马特奥会去参加即兴表演，他和一群伙伴在没有剧本的情况下就上台演出，想到什么就演什么。我能看出来他很擅长这件事。

迈克尔说多动症能帮助他在球场上想出别人想不到的战术，他能在心里演练球员的位置和移动路线，从而采取相应的策略。教练有时会让他指挥比赛，要知道之前教练从来不会让一个六年级的学生做这件事！

至于我，我想多动症让我能想出很多有创意的故事。我的妹妹喜欢听睡前故事，不给她讲故事她就睡不着。有一次，我编了一个好玩的故事，讲的是一个猎人如何制服大灰狼的故事，她听得津津有味。

普丽莎、马特奥、迈克尔和我一致认为，多动症帮助我们在特定事情上做得很好，但在其他事情上做得没那么好。

最重要的一点，我们在课堂上很难集中注意力。迈克尔和我都经常坐不住，我会不停地转铅笔，迈克尔会不停地抖腿，尤其是在他考试的时候，这导致他基本上都是最后一个答完考卷的。

马特奥有时候会不假思索地说出大脑中想到的第一句话，这时候他往往还没来得及举手，或者别人刚刚问了一个问题，他会接着再问相同的问题。这些都让他很烦恼。

不管普丽莎多么努力，她在阅读作业上保持注意力的时间都超不过5分钟，之后她就会开始胡思乱想（我猜是关于艺术的）。这就像我有时应该专心记笔记的时候，却突然开始写故事，等我意识到自己分神了，一看表，10分钟已经过去了。这10分钟就这么被我浪费掉了。

实际上，尽管我们都不好意思去聊多动症给我们带来的消极影响，但我们能理解彼此，这真的很酷。就在这时，我鼓起勇气问了大家一个问题（这个问题总是让我觉得自己像个傻瓜）。

我问："你们有没有过阅读了一些内容，却很快就忘记自己刚刚读了什么的经历？"

我一说出口就后悔了，但是接下来他们三个人——普丽莎、迈克尔和马特奥——都从座位上跳了起来，尖叫道："是的！我也是这样的！"

这是我第一次相信他们和我一样有多动症。普丽莎、马特奥和迈克尔的眼神告诉我，他们的想法也一样。这时，一个想法突然在我的脑海里冒出来:"我们为什么不一起想办法呢?"这是我想出的最好的主意!

我们决定给我们这个组合起名为"学习小组"。

我们约定:

1. 每周二放学后见面。

2. 每周至少研究一种学习技巧来帮助我们对抗多动症。

3. 一起验证这些技巧是否有效。

4. 将每一项有效的技巧补充到我们这本超级专业、超级有效的指南中。

我们用了整整一年的时间,总结了100多种了不起的学习技巧。我们甚至请来了最了解我们的疯狂科学家来帮助我们做实验!

希夫

他就是约书亚·希夫林博士,我们喜欢叫他"希夫",他曾经在附近的一所大学教书。他是一名神经心理学家,有自己的诊所,在那里帮助像我们这样容易分心的孩子。希夫最酷的一点是他也有多动症!所以,他懂我们。他是完美的专家顾问。

如果你问我学习小组最棒的一点是什么,那就是我们所有人的成绩都提高了,学校生活也变得轻松了,不再充满挑战和尴尬了。我的意思是,我们要积极面对现实,学校还是那所学校,但至少我们现在的状态比过去好多了。

我在课堂上坐得住的时间变长了,这段时间里我不会再转铅笔，也不会因为想故事而让手里的铅笔跑掉。我学会了把老师讲课的内容在脑海里以故事的形式呈现。这对我来说简直是两全其美，因为我可以在编故事的同时，不会错过课上的内容。

普丽莎在开始做白日梦之前，可以在阅读上集中注意力超过5分钟了。更疯狂的是，我们发现涂鸦能帮助她集中注意力。我知道这听起来很违反直觉，但对她有用。涂鸦是一种不会让人分心的活动，可以安抚过分活跃的大脑。

马特奥能在自己的想法脱口而出前抓住它。我们学习了一种叫作"内心独白"的技巧，就是在脑海里用自己的语言重复老师刚才说的话。于是，马特奥把老师的声音想象成一位英国绅士的声音，这可真是马特奥的风格。他脑海里的声音能让他抑制住多动症带来的冲动，避免在课堂上脱口而出。虽然他还是会忘记举手，但是成绩提高了！

迈克尔的考试成绩也有了明显的提高。我们发现，如果迈克尔考试时先浏览一遍试卷再答题，就会节省时间。一旦他对接下来的任务有了清晰的认识，就会放松心情，甚至他那不安分的膝盖也会平静下来。他可以像在篮球场上突破上篮一样应对考试！

相信我们，好好学习的感觉真的很棒。我不得不承认，当我带着好成绩回家时，看到父母脸上的笑容，我真的很高兴。我知道这听起来很老土，但我为自己骄傲，信不信由你，有的时候我真的很喜欢学校。

我们把所有的学习技巧都写进了这本书里，以帮助好动且容易分心的小伙伴。这个工作量很大，花了整整一年的时间，但这一切完全值得，更不用说我还交到了三个好朋友。我们共同学习，成绩都有了显著的提高。

马特奥甚至说，如果即兴表演做不好，他以后想当老师。普丽莎可能会成为世界著名的艺术家。迈克尔可能会进入男子职业篮球联赛，拥有自己的球鞋品牌（就像迈克尔·乔丹一样）。

至于我？我也许会成为一名作家、导演，甚至演员！有一件事是肯定的，我将来肯定能给我的孩子讲最棒的睡前故事！但现在，我们只想顺利读完中学。

在学习小组的研究中，我们发现有一些技巧总会反复出现。我们决定把这些技巧叫作"王国钥匙"，因为它们对于揭秘好动群体的大脑非常重要。这些"王国钥匙"包括：

1. **不要急躁。**许多学生都想在感觉无聊之前抓紧完成每项作业，或者因为没有按时交作业而想着赶紧补写完。其实，如果他们能够放慢节奏，反而能更快地完成。

2. **分解任务。**有的学生可能看到厚厚的课本、大作业或者遇到大考就会有压力。把一项大任务分解成多个小任务可能是打开成功之门的钥匙。

3. **设定目标，奖励自己。**要为自己的辛勤付出设定奖励，当你达到目标时，记得犒劳一下自己。

4. **多练习。**任何真正值得掌握的技能都需要练习。虽然你已经听过很多遍了，但"熟"确实能"生巧"。

这些关键技巧会以某种形式出现在大多数章节中，因为它们是培养良好学习习惯的基础。

在每一章中，学习小组列出了我们经常遇到的挑战。对于每一个挑战，我们都整理了行之有效的应对技巧。在每一章的末尾，你会发现一个有趣的日志提示，鼓励你去尝试这些技巧，看看它们是否适合你。我们知道不是每一个技巧都适合你（那会有点奇怪），因此，我们建议你多去尝试，找到适合自己的学习策略。我们建议你准备一个专门的笔记本，读完一章后，你可以选择回答其中一些或全部问题，并决定以后想要使用哪些技巧，把这些都记录在笔记本上。

我们希望这些学习技巧能对你有所帮助，就像帮助我们一样——也许你可以在自己的学校也组建一个学习小组。如果不去尝试，你永远不知道自己的潜力有多大，而有了朋友的支持，你的学习之旅将变得更加有趣。

你的朋友亨特
学习小组组长

附：我们甚至给学习小组组员都起了绰号——"转铅笔高手""白日梦想家普丽""语言大师马特""弹跳侠迈克"。你能猜出来他们是谁吗？你知道吗？接纳自己的特点很重要，正是它们让每个人与众不同！

日志提示

1. 这本书属于谁?

2. 你的超能力是什么?

3. 你参加学习小组了吗？它的名字是什么?

4. 你为什么读这本书?

你们有没有过这样的经历：阅读了一段文字后，完全不知道自己刚刚读了什么？其实，我们也有过同样的感受！老师总是强调阅读很重要，要求我们多读书。然而，阅读是我们很难掌握的一种技能，它需要方法。正因如此，我们中有很多人都讨厌阅读，或者认为自己是一个糟糕的阅读者（但其实你并不是）。如果你在阅读上有困难，请不要气馁，要知道你并不孤单。

对于像我们这样的孩子来说，阅读过程中常常面临五大挑战：理解、专注、高效完成阅读任务、激发兴趣和营造良好的环境。不过别担心！我们收集了应对这些挑战的实用技巧，这些技巧能帮助你更轻松地阅读，还能让你更好地理解阅读内容，并享受阅读的乐趣。

提高阅读理解能力

在我们面临的阅读挑战中，理解能力应该排在第一位。读了一遍又一遍，仍然无法理解这段材料的内容，这种感觉会让人非常沮丧。下面的技巧可以帮助你理解阅读内容，即使是最艰巨的阅读任务。

技巧1：阅读地图

对于很多学生来说，打开图书有点像去看牙医。你不知道会发生什么，但可以肯定的是，这会非常痛苦……其实没必要这样。图书最酷的一点（也是唯一"酷"的特点）就是，如果你投入时间去读，就能预知内容的走向。希夫说，重要的是要在脑海里牢记内容框架，不要迷失在细节中。所以在开始阅读之前，你可以先浏览阅读材料，问问自己："这个标题是什么意思？"再去查看所有的小标题，然后仔细阅读前言和结论，最后再去读内容总结。当你在阅读前先浏览一遍，你就为接下来的内容画了一张路线图。当你阅读时，就更容易理解文章内容了。虽然一开始需要多花一点时间，但最终会为你节省很多时间！

迈克尔

这个技巧对我来说很有效，因为我可以将阅读材料视觉化，在脑海中形成清晰的画面，就像在球场上打篮球一样。突然间，我觉得阅读材料变得更容易理解了！

技巧2：预览

如果你读的是一本包含多个章节的书，在阅读之前还是有办法浏览内容的。当我们告诉你这些的时候，你可能会觉得我们有些疯狂。你可以先看看网络上关于这本书的内容和背景介绍，这不是作弊，是理解。你可以在网络上搜索这本书，或者输入几个关键词进行搜索。先阅读网上的图书介绍，你就可以更好地理解这本书的内容。如果你提前了解故事情节的发展方向，就能真正享受阅读故事的乐趣！

技巧3：把新知识和旧知识联系起来

当你阅读一个新主题时，阅读可能会格外困难。试着看看是否能把新知识和你已经学过的知识联系起来。举个例子，如果你正在读一本关于亚历山大大帝的书，可以试着把他和你以前读过的某个人，或者你认识的，甚至在电视上看到的某个人联系起来。也许他会让你联想起自己最喜欢的运动员、音乐家或者钢铁侠！通过将过去的知识与当前的新知识联系起来，你就更有可能长久地记住这些内容。

技巧4：把内容画出来

不喜欢记阅读笔记？没关系，画画是一种非常有趣的替代方式。对于我们中的一些人来说，文字可能不足以帮助我们理解和记忆信息，而图像往往更容易被记住。你可以把阅读的内容画出来。学艺术的学生发现画画能让他们更容易理解读过的内容。就像希夫告诉我们的，有时候画得越离奇、越滑稽、越疯狂，在考试时你就越能回想起来。

技巧 5：转换成你自己的话

理解阅读材料的一个有效技巧是用自己的话重新表述内容。很多学生会试图通过机械地重复阅读材料里的原文来加深理解。如果你曾经尝试过这种方法，你就知道它很可能会浪费时间，并带来挫败感。但是，用自己的话重新表达阅读内容，你就可以转败为胜。比如，如果你正在读"高度易燃物"，可以将其改写成"可能会爆炸的东西"。我们可以通过更贴近个人经验的方式理解和记住信息。所以，在读完一段、一页、一章后，你可以休息一下，来进行这种内容的转换。

提高阅读专注力

第二个给你带来困扰的阅读障碍是难以集中注意力。如果大多数好动的学生面临的主要问题是注意力不集中，那么在阅读时，这个注意力不集中的"怪兽"很可能会再次出现。不过，幸运的是，我们已经想出了一些技巧，可以提高专注力，让看似不可能完成的阅读任务变成一次更愉快的体验。

技巧 1：用书签

当你阅读的时候，是否有过忘记自己读到哪里的经历？你的目光是不是从一页跳到另一页，然后就不知道看到哪里了？希夫说，如果每一个遇到这种情况的学生都给他 5 分钱，他很快会成为大富翁。但不用担心，我们有一个简单的方法就能帮助你解决这个常见问题。你可以拿一张书签，或者只是一张纸，把它放在你正在阅读的那一行文字下面，就好像给这一行字画了一条线。当你读完这一行后，把书签移到下一行。这个简单的技巧可以帮助你把注意力集中在阅读内容上。

技巧2：高亮标记和画线强调

拿出你最常用的荧光笔或最喜欢的笔，在阅读的时候找到重要信息，用荧光笔做高亮标记或者用笔画线标注。这个简单的技巧可以提高你的专注力。

普丽莎

我喜欢这个技巧，它让我把注意力集中在文字上，不容易分心。

请注意，不要把所有的文字都做高亮标记或者画下划线，这样你就无法知道什么是真正重要的内容了。要找到阅读材料里的重要内容，一个有效的方法是寻找加粗或斜体的内容以及紧随其后的词语——这些很可能是你需要了解的重要概念！你也可以找找关键词，如"总的来说"或者"最重要的是"，并关注和它们相关的信息。当你阅读完或者需要复习的时候，你可以重点查看做过标记的内容，这样能够快速回顾和复习。

技巧3：重读

大多数好动的孩子面临的主要挑战之一是缺乏专注力。当你阅读课本上的一段话时，你的思绪经常会不由自主地飘向别处，这种情况是不是很熟悉？你可能很想接着往下读。别这样！你应该花点时间重新读刚才那段话。我们知道这会让人很沮丧，但是就像我们经常说的一句话——重复有助于理解。重读可能会花费你更多的时间，但最终会帮助你取得更好的成绩。

技巧4：做一只早起的鸟儿

不要把每天阅读的时间推迟得太晚。我们知道，尽可能拖延一项让人畏惧的任务，这种做法很诱人。但是，请相信我们的话，这样做只会给你带来麻烦。你的学业成绩可能会因此下滑，而未完成的阅读任务就像一朵乌云一样悬在你头上，随时都可能带来暴风雨。你每天都会感到压力重重。不如做一只早起的鸟儿，清晨醒来就读几页。养成早睡早起的习惯，早上起来后就开始阅读，先完成当天一半的阅读量，这会让你更有成就感。

技巧5：阅读感兴趣的内容

当老师让你自己选择阅读材料时，一定要好好珍惜这个机会！但是也不要选择篇幅非常短的文章。篇幅短并不意味着读起来很容易或愉快。请找到你真正感兴趣的内容，即使它们篇幅较长。当你沉浸在这些内容中时，你会更容易集中注意力，也能更好地理解阅读内容。

高效完成阅读任务

当老师给你布置了一项非常耗时的阅读任务时，你可能会头疼不已。不过别着急，请先试试这些技巧，即使再耗时、再难的阅读任务，也能帮你轻松应对。

技巧1：涂鸦

要坐下来读完一整章内容是非常困难的，你可以尝试在阅读的时候涂鸦。涂鸦是一种不会让人分心的活动，也是治疗做小动作的有益处方。它能舒缓你的神经，让你集中注意力完成阅读任务。下次当你觉得一页一页地阅读很困难时，不妨拿出草稿纸，随意地写写画画。

亨特

即使我妹妹没有跑来跑去地分散我的注意力，我也会不停地拿铅笔敲桌子。我发现自己可以一边阅读，一边在纸上不停地画方框，这样可以帮助我保持注意力。

⚠️ **提醒**：如果你难以同时做多件事情，那么这个技巧就不适合你。

技巧2：略读

需要长时间完成的阅读任务就像一座沉重的大山，让人喘不过气来。尤其是对于那些阅读速度稍慢，或者需要反复阅读两三遍才能理解内容的人来说，这种压力更是难以言表。然而，当你面临时间紧迫或压力巨大的情况时，不必惊慌，略读技巧或许能成为你的救星。假设这一周你有五份阅读任务，你可以先快速浏览一遍所有材料，初步判断哪些内容最为复杂、最为重要，这些部分需要你逐字逐句地仔细研读；而对于那些相对简单或不那么重要的材料，则可以加快阅读速度，快速把握其核心要点。略读可以帮助你在时间紧张的时候合理分配阅读时间和精力。

技巧3：任务分解

如果你在翻开书本之前就感到很紧张，那么阅读任务就会变得更加艰难。幸运的是，完成阅读任务还是有希望的。你可以把阅读材料拆分成更短、更易于理解的小段落，用书签或回形针对文本进行标记——每次读5页、8页、10页，具体页数可以根据自己的节奏来定。每次读完一段标记的页数，就可以休息一下：起身活动一下，或者吃点零食。然后继续阅读，如此循环，直到你全部读完。把阅读任务分解成一个个自己可以掌控的小任务，将有助于你保持阅读动力和专注力。

技巧 4：充电

如果你不喜欢阅读，那么大量的阅读任务只会让你疲惫不堪；如果你的精力不足，那么就更难完成任务。我们建议你可以用一些方法给自己"充电"。比如，动起来，做几个开合跳或原地跑步，帮助自己恢复精力，或者来一份小零食给自己补充能量。如果这些方法都没有效果，你还是无精打采、昏昏欲睡，你可以去冲个澡，让自己清醒过来。这些充电方法能帮助你轻松地完成阅读任务。

激发阅读兴趣

我们知道很多学生有时候会觉得阅读很无聊，尤其对于好动的学生来说，这似乎是一个更加严峻的问题。不过，别担心，我们学习小组已经准备了一些技巧来帮助你打败无聊。

技巧 1：提问和预测

你可能会有这样的体验：你非常不愿意坐在那里读书，宁愿付出极大的代价；你发现书里没有任何有趣的内容，没有一点有价值的东西；你开始质疑老师，质疑这个世界！那么现在把你的质疑转到阅读上。问自己一些关于阅读材料的问题：作者想通过这篇文章表达什么？故事的结局会是什么样子的？在你列出问题之后，试着预测答案，然后看看你的预测是否正确。提问和预测是主动阅读的策略，可以让阅读变得像一场你可以战胜的游戏或者可以解开的谜题。你愿意接受挑战吗？

技巧2：角色扮演

打败无聊的一个好办法是用角色的声音来演绎文本——在你的脑海中默念，大声朗读，或者用任何适合你的方法！想象一下，你最喜欢的主持人、演员、运动员、朋友正在给你读这些材料。角色的声音可能会让乏味的内容变得有趣起来。

马特奥

当我发现这个技巧能让我不再感觉无聊的时候，我就成了它的忠实粉丝。反正我喜欢创造声音。现在我发现，角色的声音越夸张，这个技巧的效果就越好！

技巧3：挖掘感兴趣的东西

我们不会总有选择阅读内容的自由。对付无聊的一个方法是从阅读材料里挖掘出你感兴趣的内容——可以是任何内容！找到那个你感兴趣的点，然后发挥想象力，把阅读材料的内容和这个点联系起来。比如，你正在阅读有关战争的文章，它真的很无聊。那么想象一下，战斗双方是你最喜欢的奇幻游戏里的两个作战派系！你也可以提高赌注，假装双方争夺的不是土地，而是一块能把你传送到另一个空间的魔法石！这是不是让阅读变得很有趣？挖掘一些有趣的细节，即使是很小的点也会帮助你记住阅读内容。

技巧4：阅读小组

如果你真的很努力地去阅读，但仍然感觉收获不大，或许你会觉得自己天生对阅读缺乏兴趣。你可以尝试把阅读融入一些社交活动里，比如加入（或者组建）阅读小组，小组成员每周聚在一起讨论阅读作业。为了让小组活动更加精彩有趣，你可以准备一些好吃的零食，边吃边聊；也可以将书里的内容进行角色扮演，设计成好玩的游戏；还可以让宠物狗也加入你们的活动。生动有趣的阅读活动或许能够激发你的阅读兴趣。

创造适合自己的阅读环境

大部分学生觉得安静的环境有利于阅读。有些好动的孩子也喜欢安静的环境，而有些好动的孩子在安静的环境下会坐立不安。如果你也是这种情况，可以试试下面的这些技巧。

技巧1：加点背景音乐

听背景音乐可以帮助你更高效地阅读，记住更多的信息。希夫告诉我们，他的许多学生发现，当房间里有轻微的背景音乐时，他们阅读的时候反而更容易集中注意力。但是有歌词的背景音乐可能会让人分心，你可以尝试听没有歌词的纯音乐，比如爵士乐或者古典音乐。白噪声也很有效，关键是要找到一种不会让自己分心的声音。一点点的背景音乐可能就是你保持专注所需要的小技巧。

技巧2：听有声读物

有些人是很好的听觉型学习者，这意味着他们更擅长通过耳朵学习。如果你是一位听觉型学习者，不妨请教你的老师或者图书管理员，询问是否有阅读材料的音频，你也可以在网上查一下。为了能最大限度地理解阅读内容，同时获得有趣的阅读体验，你可以将视觉学习方式和听觉学习方式结合起来。正如希夫告诉我们的那样，你阅读材料的方法越多，阅读效果就会越好。所以，边听边读可能是你的最好的选择。

普丽莎

这一点我完全同意。这个技巧可以让我的思维和目光都集中在材料上，这样我就不会走神了。

技巧3：自己读

如果你找不到合适的有声读物，不妨自己读！比如，用手机或者其他录音设备，边读边录音，在录制过程中，你其实已经读了一遍了。之后你反复听录音，直到牢牢地记住这些内容。这是不是有点不可思议？但是，听自己的声音的确有助于集中注意力。

日志提示

请你选一本喜欢的书，在旁边放一张纸。当你读到这一章的末尾时，请回想一下你读过的内容。现在，请把你读过的内容画成一幅画。

1. 你觉得把阅读过的内容画出来是容易还是困难？

2. 看看你画的画，你认为它可以用来帮助你复习阅读过的内容吗？

3. 如果再给你一次机会，你会画出不一样的东西吗？

除了阅读，许多好动且容易分心的学生在数学学习上也有困难。数学需要高度集中注意力，一旦遗漏一两个数学步骤，可能就难以理解题目了。有注意缺陷多动障碍的孩子容易分心走神，难以集中注意力，这使得他们在学习数学时会遇到很多困难，比如记不住数学事实，粗心大意，读不懂应用题，写不完作业，缺乏专注力等。现在别担心了，学习小组总结了一些实用的小技巧，希望能帮助你发挥自己的数学潜力。

记住数学事实

你是一个记住数学事实很费劲的学生吗？其实你并不孤单，这是许多学生都会遇到的难题。请试试下面这些小技巧，或许能为你带来意想不到的收获。

技巧1：使用模型

我们发现，使用模型有助于记住如何解决某些类型的数学题。你可以用课本上列举的例题，或者老师上课讲的例题作为模板，通过替换其中的数字，反复练习，直到你理解并掌握了它。最终，它会内化成你自身的能力，你就记住了。

迈克尔

我发现这个技巧很有用,因为它就像在球场上弄清楚如何赢得一场比赛一样——关键在于把合适的球员安排在合适的位置上。有一个正确的例子作为参考,也让我更自信了。

技巧2:助记法

记住数学事实的另一个好方法是运用助记法。这是一种非常有效的记忆策略,可以帮助你记住很多东西。既然如此,为什么不把它应用到数学学习中呢?你可以编一些顺口溜来帮助你记忆,比如为了记住数学运算顺序,你可以用这样的口诀:"遇到括号要先算,再算乘除和加减"(在有括号的算式里,先算括号里的,再算乘除,后算加减)。

请发挥你的想象力,想一些好玩的助记口诀吧!

马特奥

我编了一个助记口诀,在吃午饭时告诉了大家。对我来说,助记口诀越有趣,我就越容易记住。

技巧3:制作公式卡片

我们发现,使用公式卡片有助于记住数学事实。请把你需要记住的公式写在一张卡片上,制成公式卡片,然后用卡片反复测试自己,直到你能记住这些公式。

技巧4:编首朗朗上口的歌谣

如果你喜欢音乐,那么一首朗朗上口的歌谣可以帮助你提高记忆力。这个技巧几乎适用于所有学科,当然包括数学。无论你是想记住复杂的数学公式,还是数学事实背后的推理过程,你都可以把这些内容与你喜欢的音乐旋律相结合,让它们变得更加生动易记。

技巧5:把数学日常化

在日常生活中经常运用一些数学事实也能加深你的记忆。你可以试着在家、公园、超市以及任何能想到的其他场景中应用这些知识。比如,你可以在房间里寻找不同的图案,像地板上的瓷砖或窗户上的窗格,然后数数它们有几行几列,进而练习乘法运算。你练习得越多,就越容易记住这些知识,从而提高数学成绩。

技巧6:列表格

如果你在记住数字方面有困难,可以把它们放在一个条理清晰的表格里。将数字组织成表格可以增加结构性,有助于记忆并且能够记得更牢。例如，乘法表只需要你把手指放在两个数字相交的点上，就可以轻松地找到乘积。你可以请老师或父母帮你画一个这样的表格，把数字1—10依次写在表格的左侧底部边缘，然后在表格的相应位置填上它们对应的乘积。

技巧7：理解含义

许多和我们有类似问题的学生就是不喜欢数学。我们大多数人只是想尽快完成数学作业，因为这感觉就如拔牙般痛苦。很遗憾，这只会让事情变得更糟。若你没有真正理解这些知识，就很难记住它们。我们建议你可以多花些时间来真正理解数学题目背后所蕴含的逻辑。所以，数学学习不是机械地记忆公式和步骤，而是要理解其背后的原理和思维方式。只有理解了，才会有更深刻的记忆。

技巧8：巧用计算器

计算器可以减轻你记忆数字和计算步骤的负担，从而让你能够将更多的时间和精力投入理解数学问题和事实上。你可以问问父母和老师，是否允许你借助计算器来做某些类型的数学题目。

改掉粗心的毛病

许多有注意缺陷多动障碍的孩子常常难以集中注意力，也容易因粗心而出错。我们理解那种感觉：当你明明会做这道题，却因为一个小小的计算错误而做错时，那种沮丧和懊恼简直难以言表。不过别灰心，我们学习小组有些小技巧也许能帮上忙。

技巧1：立即检查

虽然检查作业是一种非常有效的学习策略，但许多学生往往习惯在完成全部作业后才开始检查。然而，如果你在做家庭作业时时间充裕，我们建议你尝试一种更高效的方法：每做完一道题，就立即进行检查。此时，你对题目的思路和解题过程记忆犹新，趁着这股"热乎劲"，你将更容易发现其中的错误，从而及时纠正，避免后续因疏忽而积累更多问题。这种方法不仅能提高作业的准确率，还能帮助你巩固知识点，培养良好的学习习惯。

技巧2：给数学符号做上色标记

用不同颜色的荧光笔或钢笔给数学符号做上色标记，也是一种避免粗心错误的方法。举个例子，加号可以用蓝色标记，减号可以用绿色标记等。这能帮助你看清题目的要求，不容易粗心犯错。

普丽莎

我经常使用这个技巧，因为它巧妙地把我对艺术的热爱和我最喜欢的学科——数学结合起来！

技巧 3：把笔记本转过来

很多有注意缺陷多动障碍的学生写作业时往往字迹潦草，这可能会导致做数学计算题的时候对不齐数位，从而因为粗心出错。所以，试试把笔记本旋转一下怎么样？你可以把笔记本的行变成列，方便数位对齐，减少因粗心导致的计算错误，同时让计算过程看起来更加整洁有序。

轻松解答应用题

希夫告诉我们，他辅导过很多有注意缺陷多动障碍的学生，他们都觉得应用题很难做。这是为什么呢？因为应用题里有很多我们需要关注的要素，一旦误读文字或者遗漏重要细节都会引发错误。以下有一些技巧可以让你轻松解答应用题。

技巧 1：剔除多余信息

大多数应用题会设计一些无关紧要的信息，其目的是分散你的注意力。一旦我们明确了这一点，我们就可以审视题目，剔除多余信息。如果这道题是关于学校、公园和家之间的距离问题，那么我们不需要关注小朋友头发的颜色、哪支球队正在公园里玩，或者学校的吉祥物是什么，任何与问题无关的多余信息都可以剔除。这真是让人松了一口气！只要你仔细审读题目，理解它要求你解决的核心问题，一切就会变得容易起来。

亨特

我很喜欢这个技巧，因为我想得越少，就能做得越好！

技巧2：提高理解力

想要计算出问题的答案，就得识别出哪些信息对于找到答案是至关重要的。想要找到这些关键信息，你必须得把题目读上几遍。这会帮助你避免因读错或漏字而导致误解。针对问题的任何表述，你都可以在自己认为重要或不理解的地方做标记，然后请老师帮你解答。

完成数学作业

不能按时完成作业也是有注意缺陷多动障碍的学生经常遇到的问题。你写作业时可能难以集中注意力，不自觉地站起来四处走动，接下来你就会发现，你的作业本来只需要20分钟，结果却花了2个小时。学习小组很清楚这种情况有多让人烦恼，因此为你提供以下技巧，帮助你解决时间管理这个大难题。

技巧1：减少任务

如果你完成数学作业太吃力，每天需要花很长时间，那么可以询问老师，是否可以少写一些数学家庭作业。这样不仅可以减轻你的压力，还能让你有更多时间深入理解每一道数学题。如果你认为这种方法对你有帮助，也许值得和父母或老师讨论一下。

技巧2：找个学习伙伴

你常常分心走神吗？如果是，你就会频繁地发现自己浪费了大量宝贵的学习时间。你可以试着找一个学习伙伴，和他一起做数学作业，这样可以帮助你跟上学习进度。希夫说，他的许多学生发现即使在做其他作业时，这个技巧也很有帮助。仅仅是在学习伙伴旁边学习，他们也能变得更专心。

技巧3：延长完成时间

许多有注意缺陷多动障碍的学生总是无法按时做完数学试卷或者完成家庭作业。与"减少任务"的小技巧类似，如果老师和学校允许，你可以延长考试或者交作业的时间。延长一点时间可能会给你带来意想不到的效果。

技巧4：寻求他人帮助

毫无疑问，数学是颇具挑战性的学科。如果你完成数学作业所需的时间是别人的2~3倍，那你真的很难高效地学习或完成作业，你可以积极地向别人寻求帮助。你可以跟父母商量，是否可以请一位数学家教。如果找不到合适的家教，你也可以问问老师在放学后能否抽出时间来帮你。有时候，他人的一点点帮助就能帮你解决大问题。

提高专注力

对大多数有注意缺陷多动障碍的学生来说,学习过程中遇到的最大难题就是缺乏专注力。正如我们之前提到的,专注力不足对数学学习的影响尤为显著。你可以尝试下面的一些技巧来帮助自己。

技巧1:使用教具

在学习数学的过程中,可以用生活中的物品当教具,最好选用可以握住或触碰到的物体,比如豆子。这有以下几个好处。首先,它能帮助你更直观地理解数学概念,尤其是在学习一些基础知识时,比如加减法、分数、几何等;其次,因为教具很新奇,这种动手操作的方式可能比单纯的书面练习更能吸引你,让你专注于学习任务。

亨特

我喜欢用干豆子,因为它能让我的手和目光集中在数学问题上。此外,它还能帮助我在考试时更好地回忆起相关知识点。

所以,只要条件允许,你可以积极尝试用身边的物品来辅助数学学习,它们的作用可能远远超乎你的想象。

技巧2：运用电子产品

与使用教具类似，使用电子产品，比如益智类电子游戏、应用程序等，也可以帮助你学习数学。你可以从网站或者手机上搜索一些有关数学的应用程序，像有趣的问答竞赛、数学闯关游戏、活页练习题和其他数学学习资源。许多孩子喜欢使用电子产品，你也可以尝试一下。要注意的是，使用电子产品前要跟父母商量，得到他们的允许，并且要控制好使用时间。

技巧3：合理排序

精力旺盛的时候不容易分心。如果数学是你认为最难学的科目，那你可以在精力最旺盛的时候先做数学作业，比如吃过早饭后、放学休息结束后等。你也可以根据自己的情况，找到学习效率高的时间段来做数学作业。

日志提示

请拿出你上一次数学课记录的数学题,然后用不同颜色的荧光笔给每个数学符号上色。现在,请回答以下问题。

1. 这样读起来是不是更容易了呢?

2. 问题的各个部分是不是更方便阅读了呢?

3. 你完成这道数学题的速度变快了吗?

4. 你以后还会使用这个技巧吗?

第 3 章
提高写作能力

写作是我们几乎每天都要做的事情。如果你想成为一名优秀的作家，那更要有良好的写作能力。不过，有注意缺陷多动障碍的学生往往在写作方面有困难。为此，我们聚在一起列出了一个写作挑战清单，其中涵盖了时间管理、确定写作主题、把想法变成文字，以及写作速度等方面。别担心！我们相信你可以通过下面的小技巧来提高写作水平。

管理好写作时间

虽然时间管理对许多有注意缺陷多动障碍的学生来说是一个长期存在的问题，但它最常在写作时出现，给我们带来麻烦。你知道自己需要多长时间来写作、修改和校对吗？这个问题可能会让你倍感压力。不过，我们每个人都需要在实践中学会管理时间。我们练习的次数越多，就越能知道自己需要多少时间。要记住，即使遇到困难，也不要轻易放弃。持续的努力和练习最终能提高我们的时间管理能力。

技巧1：延长时间

你可能在这本书中多次看到这个技巧，它经常被当作一种帮助你应对许多挑战的方法。这是因为有注意缺陷多动障碍的孩子通常会在时间管理方面有困难，因此需要更多的时间来完成任务。写作也是一样的，如果你也是这种情况，那么你写作时也经常会时间不够用。

迈克尔

以前我总是担心时间不够用，但现在我知道解决这个问题很简单——多要一点时间就好了。

我们建议你和父母或者老师谈一谈，是否有可能在写作任务和考试中给你延长时间，这可能会成为你突破写作瓶颈、收获成功的关键。

技巧2：写完后再修改

写作时在一个字上卡住了？不要让它打断思考过程。如果写错字就停下来，我们就很难顺利地写完一段话。有时候，修改过程甚至比实际写作本身所需的时间还要长。我们想出了可以帮助你修改作文的方法：先看内容，再看格式。内容方面要求主题明确、段落分明、开头结尾要吸引人等；格式方面要求整体格式规范、没有错别字、标点符号正确、语句通顺、语法正确等。

马特奥

这个小技巧让我知道该如何修改作文,当我构思一个有创意的故事时,不会再因字词错误而浪费时间了。重要的是,我知道了该从哪里开始修改。

确定写作主题

很多学生写作时的最大问题就是不清楚自己要写什么,或者即使有一个主题,也不知道如何把自己的想法写到纸上。这里有一些小技巧可以帮助你。

技巧1:头脑风暴

你是不是在写作开头就被卡住了?想出一个主旨句,甚至确定一个大致的主题,对你来说是不是很困难?

亨特

对我来说,开头是最难的部分,这就是为什么我很喜欢头脑风暴,因为它能集中我的注意力,排除其他干扰。

头脑风暴很简单，你找一张干净的纸，把你想到的任何想法都写下来。当你有一堆想法摆在面前时，选择最出色的一个来展开写作会更容易。

技巧2：思维导图

如果你有一个主题，但不太会组织自己的想法，可以尝试用图形工具，也就是网络图或思维导图。你可以把主题写在中间，然后围绕主题写下支持它的主要观点。还有一个建议是，你可以像列提纲一样来构建你的写作提纲：先列出主要观点，再补充细节内容，最后把观点和细节按照逻辑顺序进行排列。这会帮助你在动笔之前清晰地梳理出文章的结构，从而更高效地写出好文章。

技巧3：使用便利贴

便利贴很实用，能帮你整理那些杂乱无章的想法。使用便利贴的好处是这些想法可以随时重新排列组合，你可以先把所有的想法都写在便利贴上，随着想法不断拓展或者深入，再自由地排列它们。一旦你认为所有内容都准备好了，就可以把便利贴固定好，开始写作了！

把想法变成文字

许多有注意缺陷多动障碍的学生都很有创造力，写作时会冒出各种各样的好想法，问题是，他们很难把这些想法写在纸上。

如果你也有这样的困扰，也许下面的小技巧能帮到你。

技巧1：你说，别人写

你可以向父母、打字或写字快的朋友寻求帮助。在你构思完自己的想法后，把它说出来，同时请父母或者愿意帮助你的人把你说的话记录下来。这不仅能加快写作的进程，还能让你的想法得以完整呈现，很可能成就一篇优秀的文章。

技巧2：帮你完成主题句

有些人觉得写作太难了，其实并非不会，只是很难迈出第一步。可以试试这个方法，先确定主题，然后用前面提到的小技巧（比如思维导图），把主题写在纸上，接着拿给父母或者老师看，请他们帮你写一两个主题句。一旦你得到了主题句，就明确了写作方向，就更容易把自己的想法写出来。

技巧3：使用同义词

无论是否有注意缺陷多动障碍，很多学生在写作时找不到合适的词语来表达自己的想法。一个简单的解决方法就是使用同义词。比如，你正在找一个和"好的"意思接近但不一样的词，通过查找同义词，你可以发现"令人满意""优秀""良好""很棒的""有帮助的"等更丰富的表达。同理，你不想用"好心"这个词，可以快速搜索同义词，可能会发现"友好""善良""亲切"等词语。打开你的词典，或者使用电脑上的在线词典，你就能找到合适的词，让你的文章更出彩。

写字很慢，怎么办

希夫说，许多有注意缺陷多动障碍的学生有书写困难，他们写得又慢又潦草。如果你也有这方面的烦恼，那就试试这些久经考验的小技巧吧。

技巧1：用电脑打字

你可能在家里经常用这个小技巧，但在学校里可能不会用。许多写字慢的学生实际上打字很快。你可以问问父母，是否能联系学校允许你使用笔记本电脑写作业。这个方法可能会给你的学习带来巨大的变化。

技巧2：语音识别技术

如果你写字慢，还有一个实用的工具可以帮助你，那就是语音识别软件。它的操作流程很简单：你对着麦克风说话，软件会帮你把语音转换为文字。如果你认为这个工具对你的写作有帮助，可以问问父母或者老师能不能下载并使用这个软件。

普丽莎

这个技巧对我来说很有用，因为我可以在对着电脑的麦克风说话的同时，把我的想法画在纸上。我画出来的故事可以激发我的写作灵感。

日志提示

请选择一个写作题目，可以是学校布置的，也可以是自己想到的。准备好纸和笔，或者打开电脑，来场头脑风暴吧！想到什么就写什么。你可以使用图片来激发灵感，也可以在纸上随意涂鸦。你可以画掉不满意的部分，也可以圈出自己喜欢的部分。不用担心这篇作文看起来怎么样。这是你发挥创造力的时刻。试着坚持做这件事15分钟。完成后，停下来回顾写下的内容，并思考以下问题。

1. 你现在知道自己想写什么了吗？
2. 在这15分钟里集中注意力，你感觉怎么样？
3. 在这15分钟里，你分心了吗？你感到很沮丧，还是享受这个过程？
4. 你想以此为起点继续写下去吗？

第4章
上课听讲不走神

我们不知道你是什么情况，但是我们发现自己很难做到认真听讲——不管是数学老师在讲数学题，还是父母让我们去倒垃圾。有时，我们只是心不在焉；有时，我们明明听见了，可那些话就像过眼云烟，瞬间就从脑海里溜走了。如果你也有同感，别担心，你并不孤单！无论你是否有注意缺陷多动障碍，倾听是一项每个人都可以通过学习来提升的技能。学习小组所有成员深入讨论了在听讲时遇到的种种问题，其中几个问题尤为突出：如何把注意力集中在老师身上、记不住关键信息、被周围事物分心、上课就犯困（这种情况确实时有发生，我们也只能无奈地承认）。那么，接下来的内容你肯定能猜到——没错！我们已经研究出了一整套实用的技巧，即使是那些最容易分心的孩子，也能通过这些方法显著提升自己的倾听能力。

如何把注意力集中在老师身上

你应该听到大人跟你说过无数次的"集中注意力"，如果事情有那么简单就好了。然而，现实并非如此。对于许多有注意缺陷多动障碍的孩子来说，集中注意力并非易事。希夫说，如果说普通孩子的注意力都只能持续短暂的时间，那么有注意缺陷多动障碍的孩子的注意力持续时间只有其他孩子的二分之一。你可以试着想象这样一个场景：你的大脑被放置在一条传送带上，它可以主动保持注意力，直到被传送到末端。对于一些孩子来说，这条传送带像篮球场的边线一样长；而对于有注意缺陷多动障碍的孩子来说，它可能像棋盘的边长那样短！幸运的是，通过练习，你可以学会延长这条传送带，让它变得像足球场的边线一样长！你可能会问自己要怎么做。放心，我们会帮助你的。

技巧 1：在脑海中形成画面

对于有注意缺陷多动障碍的孩子而言，倾听是非常困难的。为了让倾听变得容易一些，你可以尝试在脑海中构建说话者所描述的画面。比如，当老师正在讲解有关古埃及人的课程时，随着老师的讲述，你可以在脑海中勾勒出一座宏伟的金字塔，想象古埃及人的面容、他们独特的妆容以及佩戴的精美珠宝。这些在你脑海中逐渐清晰的画面，会像磁铁一样吸引你专注于正在学习的知识。不久之后，你的脑海中就会形成一本关于古埃及人的生动图画书。

普丽莎

这个技巧对我来说真的非常有效，我相信对你也一定有用。我还会更进一步，把想象出来的画面画出来。这是一个集中注意力的好技巧，也是一个帮助我在之后回忆课程内容的好方式。

技巧 2：眼神交流

当老师授课时，你是否真正与他们进行过眼神交流？直视老师的眼睛，是否会令你感到不自在？其实我们很多人都有过这样的感受。然而，这种不适感不应成为阻碍我们学习的因素。如果你对眼神交流感到别扭，不妨尝试将目光聚焦于他们两眼之间的位置。相信我，没有人能够察觉这一细微的差别。这样一来，当老师讲话时，你便能更容易保持专注，认真聆听他们的每一句话。更重要的是，适度的眼神交流本身就是一种礼貌的体现。

技巧 3：注意说话者的动作

确实，眼神交流很重要，但如果老师在讲课时频繁走动，我们又该如何保持眼神交流呢？毕竟，我们又不是猫头鹰，头部不能随意转动。不过，不用担心，我们还有别的办法。当老师讲话时，他们通常会通过肢体动作来辅助表达。你可以关注老师的动作：他们是否在做手势？这些手势是如何配合他们的话语的？他们的肢体语言是否在强调某个重点？观察老师的肢体动作能帮助你更好地理解他们所传达的内容。老师在说话时是否微笑，是否皱眉？他们看起来是开心、难过、失望还是严肃？这些都是帮助你集中注意力、提高倾听能力的重要线索。

技巧 4：设置一个暗号

一些有注意缺陷多动障碍的孩子（比如我）常常会打断别人说话，这并不是因为我们故意不礼貌，而是因为我们很难长时间保持安静。希夫建议，可以主动向老师说明这是一个自己正在努力克服的挑战，并询问老师是否能给予一些帮助。通常情况下，老师会想出一些巧妙的解决办法，比如设置一个无声的暗号——例如，轻轻摸一下自己的鼻子，或者在你的课桌上轻敲一下，以此来提醒你此刻需要保持安静。

记住关键信息

就像阅读一样，倾听不仅要求我们听到对方在说什么，还需要记住他们提到的关键信息。然而，对于有注意缺陷多动障碍的孩子来说，这可能是一项极具挑战性的任务，甚至会让人感到无比烦恼。幸运的是，我们有许多方法可以帮助你。希夫指出，每个人的情况都不一样，并不是所有技巧都适合每一个人。你需要通过尝试，找到适合自己的方法。

技巧 1：用口诀

口诀是一种非常有效的记忆工具，尤其是当你需要在之后回忆知识时。例如，当老师讲解中国二十四节气时，你可以用口诀来轻松地记住它们："春雨惊春清谷天，夏满芒夏暑相连，秋处露秋寒霜降，冬雪雪冬小大寒。"是不是觉得简单多了？

你也可以尝试自己创作一些押韵且节奏感强的短句来提升记忆力。

技巧2：编故事

之前我们提到，在倾听时，可以在脑海中将别人的话语转化为生动的画面。同样，你也可以将老师讲解的内容编织成一个完整的故事，作为记住关键知识点的技巧。以古埃及为例，这次不仅要想象金字塔的画面，还可以构建一个关于古埃及年轻人的故事，让这个故事与你产生共鸣。比如，想象一个古埃及的年轻人，他热爱篆刻铭文，因为艺术是他最喜欢的课程。你可以根据自己的兴趣，编出任何能帮助你记住知识点的故事。

技巧3：记笔记

虽然全程专注地看着老师讲课是一种很好的学习方式，但如果能同时把一些重要的知识点记录下来，记忆的效果会更好。当老师讲课时，试着将他提到的关键信息整理成笔记。这不仅是一种记笔记的好方法，而且让大脑有机会对老师所讲的内容进行筛选和巩固，帮助你更好地锁定重点。如果你一开始觉得很难，这很正常，我们刚开始记笔记的时候也有这样的感觉。任何技能都需要不断练习才能熟练掌握，所以千万不要轻易放弃。

马特奥

我一直都在使用这个技巧。只是有一点要注意，不要把这个故事编得太有趣，否则你会忍不住在课堂上笑出声来（当然，我可从来没有过这样的尴尬经历）。

技巧4：重复加提问

我们并不是鼓励你在课堂上随意打断老师，但当老师暂停讲解或者主动询问大家是否有其他问题时，这就是你举手发言的最佳时机。当老师点到你时，先重复一遍老师刚刚提到的关键内容，然后再提出你的问题。这个技巧有两个重要的作用：一方面，通过重复，你可以将知识点更深入地植入大脑，加深理解和记忆；另一方面，通过提问，你可以确保自己积极参与课堂学习。例如，你的英语老师正在讲解"a lot"是由两个单词组成的，而不是一个单词。这时你可以举手说："老师，您说'a lot'是两个单词，而不是一个单词，但如果我在一句话中说得很快，它们会不会听起来像一个单词呢？"虽然最终答案仍然是"a lot"是两个单词，但这样的提问过程本身就是一种积极的思考和学习。所以，大胆地提问吧！

上课分心，怎么办？

在周围环境充满各种干扰的情况下，保持专注听讲确实是一项挑战。当有人讲话时，我们往往会发现很难控制自己的眼睛、耳朵，甚至鼻子不被周围的一切所吸引。然而，尽管外部环境难以改变，我们仍然有一些小技巧可以更好地控制感官，从而专注于重要的内容。虽然老师可以提供支持和引导，但我们需要对自己负责，积极主动地采取措施来克服这些干扰。以下是一些对我们非常有帮助的实用技巧。

技巧1：选择合适的座位

这里所说的"合适座位"，并不是指靠窗能看到风景、靠近门口方便进出，或者挨着你最好的朋友的位置。真正能帮你减少干扰并提升听讲效果的座位，是离老师视线最近的座位，这个座位通常在教室的正中央。你可能不太愿意坐那个座位，对吧？但请尝试一下。你很快会发现，在那里专注听讲变得很容易，外面爬树的小松鼠、朋友的小动作，甚至其他的干扰因素，都很难再分散你的注意力了。

技巧2：不要带与上课无关的物品

如果学校允许携带电子设备，比如手机或电话手表，那么在上课时，请务必将其关闭，并确保它们远离你的视线范围。否则，你可能会陷入麻烦。如果你对课桌上的电子设备比对老师的讲解更感兴趣，这不仅会干扰你的注意力，还可能扰乱整个课堂的秩序。因此，建议将电子设备存放在储物柜中，或者干脆留在家里。

技巧 3：写张提醒便条

在课桌上放一张简单的提醒便条，可以时刻帮助你保持专注。这张便条可以非常简洁，例如在一张白纸上写下"安静"两个字，然后把它贴在桌子的角落。你甚至可以从这本书里挑选出你最喜欢的小技巧，写在便条上。

亨特

课桌上的提醒便条让我更专心了。我会用一张提醒便条来对付让我分心的事情，它真的很有效！

技巧 4：运动

运动能够帮助我们有效地消耗多余的能量。当我们的身体缺乏足够的运动时，大脑可能会处于一种过度兴奋的状态，这会让我们很难听从指令。通过体育运动，我们的身心可以达到一种平衡状态。如果你对传统的跑步或踢足球不太感兴趣，不妨尝试一些其他有趣的运动方式，比如捉迷藏或跳绳。重要的是找到一种你真正喜欢的运动。对于孩子来说，每天至少要有一个小时的户外运动。这不仅有助于身体健康，还能显著提高专注力。所以，多参加户外运动吧！

保持清醒不犯困

对于有注意缺陷多动障碍的孩子而言，在课堂上听讲时，保持清醒状态无疑是一大挑战。试想，当一个人处于昏昏欲睡的状态时，又怎能高效地学习呢？然而，当困意来袭，我们又该如何驱散睡意、保持清醒呢？希夫告诉我们，一些简单的小技巧可以有效提升我们的能量水平和警觉性。以下是我们精心挑选的有助于保持清醒并专注听讲的小技巧。

技巧1：吃对早餐

吃早餐是容易被低估的习惯。我们的大脑需要持续的滋养与锻炼才能保持活力。在起床后的30分钟内享用一顿健康的早餐，无疑是让大脑保持一整天愉悦、警觉与专注的好方法。高蛋白食物（如鸡蛋）、健康脂肪（如牛油果）以及复合碳水化合物（如燕麦片）都是早餐的优质选择。如果想吃甜食，水果是绝佳的替代品，但需谨记，切勿摄入过多糖分。因为过量的糖分会导致血糖水平剧烈波动，进而让你感到疲惫不堪、注意力涣散，甚至可能在校车上就昏昏欲睡。

技巧2：多喝水

水是维持我们活力的源泉，然而我们常常会忘记补充足够的水分。一旦身体出现脱水状况，我们就会变得反应迟钝、疲惫不堪、记忆力减退，而你可能已经猜到了——这也会让我们成为一个糟糕的听众。

技巧3：充足睡眠

这听起来像是老生常谈，但睡眠和休息对于听讲和学习至关重要。儿童每晚需要9~10个小时的睡眠。如果达不到这个标准，我敢打赌，你在课堂上很难保持清醒。每天晚上尽量在同一时间上床睡觉。如果你入睡困难，不妨试试读一本书，或者给自己讲个故事。我们之前提到过，每天至少要有1个小时的户外运动时间。运动不仅能让我们更强壮，还能让我们晚上睡得更好，所以，这又是一个让你到外面去玩耍的理由！

日志提示

下次上课前,如果这堂课没有固定座位,你可以尝试早点到达教室,主动选择前排的座位。这个小小的改变或许能帮你更好地保持课堂上的专注力。不妨试着体验一下,并思考以下几个问题。

1. 你发现自己听讲更认真了吗?

2. 请写下你认为坐在前排最大的好处是什么。

3. 你坐在前排,有同学取笑你吗?

4. 你在意别人的取笑吗?

5. 你下次还会坐在前排听课吗?

第 5 章
设定合理目标

希夫有几句特别喜欢的格言，其中一句是："相信相信的力量，成就成功的愿望。"这句话听起来或许有些老生常谈，但它的力量却是实实在在的。设定目标并朝着目标努力，是开启高效学习之旅的第一步。然而，在设定目标的过程中，我们可能会遇到一些挑战，比如如何设定合理的期望、如何保持积极的心态以及如何挑战自我。好在，学习小组的小技巧能够为你照亮前行的道路，助力你迈向成功。

设定合理的期望

无论是你喜爱的运动、游戏，还是在克服拖延的道路上，一切事物都有提升的空间。只要你愿意努力，你总能做得更好。但关键在于，你必须对自己既公平又诚实。有时候，为了实现更大的进步，你可能需要暂时放慢脚步，甚至后退一步，以便重新调整方向。以下这些小技巧将帮助你学会如何设定合理的期望，从而更稳健地迈向成功。

技巧1：灵活调整计划

你已经准备好在书桌前开启学习之旅，但生活有时会出其不意地给你当头一棒。或许父母会突然要求你帮忙处理一些紧急事务，或者作业的难度远超你的预期，让你感到不知所措。这些突发状况很容易让你萌生放弃学习的念头。然而，学习小组建议你顺应生活的节奏，勇敢地接受这些挑战，并继续坚定地前行。不要因为一点小挫折就乱了阵脚。你可以根据实际情况灵活调整自己的学习计划，以应对这些突发状况，并认识到大多数事情往往"计划赶不上变化"。你可以将这种调整看作一次有趣的挑战，就像解开一个复杂的谜题，而不是沉重的负担。那么，该如何应对呢？试着将自己想象成一棵柳树，即使在狂风暴雨的压力下弯曲，依然能够坚韧不拔，绝不被困难轻易击倒。

技巧2：目标要切实可行

如果你一直在努力学习，但成绩并不理想，或许你会不想去上学。追求好成绩没有错，但我们建议你设定的目标可以现实一些。也许你暂时无法拿到100分，但不要因此沮丧，更不能因此停止努力。你可以试着写下一些看似遥不可及的目标，比如"每门功课都得100分"，将它们称为"挑战性目标"。同时，也请写下一些看起来切实可行的目标，比如"这周要按时完成作业"，将它们称为"可达成目标"。每一个小目标的实现，都是你前进了一步，都值得奖励。

技巧3 享受努力的过程

在生活和学习中，我们每个人都会遭遇各种挫折。有时候，事情可能会变得异常艰难，甚至让我们望而却步，不想去尝试。然而，善于发现自己的小进步，并从中享受成长的乐趣，是应对挑战的关键。如果你最终成为一名成绩优异的学生，那当然令人欣喜。但更重要的是，无论你的进步是大是小，每一次努力都值得肯定。这些进步不仅会增强你继续前进的动力，还会提升你对自己努力的满意度。实现目标是一个渐进的过程，每一步都值得认可和庆祝。学会放慢脚步，欣赏生活中的小美好，不要只专注于最终目标而忽略了沿途的风景。

技巧4：目标明确

请确保你的目标明确且具体。希夫说过，目标越具体，实现的可能性就越大。因此，不要只是笼统地说："我想在英语上取得好成绩。"而要明确地说："我要完成所有的阅读任务，认真完成每一项英语作业，并且争取每项作业都达到良好以上。"在短时间内（几天、几周或一个学期）定期衡量和观察自己的进步。如果你能够实现这些具体的小目标，你很可能会惊喜地发现，自己已经在不知不觉中取得了更大的进步。

保持积极的心态

你是否曾听过"积极的心态是一切的开始"这句话？相信我们，这绝非虚言。积极的心态对你的学习和生活都有帮助。下面有一些帮助你保持积极心态的小技巧，你可以试一试。

技巧 1：不要苛责自己

我们往往最容易被自己打败。很多时候，我们才是自己最大的敌人。希夫提到，他常常感到惊讶的是，许多孩子对自己格外苛刻。因此，当你因为成绩不理想而感到沮丧时，不妨暂停一下。就像当朋友向你寻求帮助时，你会耐心地给予他们建议一样，你也可以试着给自己提一些建议。

亨特

过去我也常常会苛责自己，但现在，我不会再对自己生气了。遇到困难时，我会像对待朋友一样对待自己，给自己三条实用的建议。如果你也尝试这样做，你会惊喜地发现，积极的自我对话有助于实现目标。

技巧 2：寻找替代方案

如果你制订了一个经过深思熟虑的计划，但发现它行不通，难以实现目标，这个时候也不要轻易放弃！你可以积极尝试另一种方法。比如，你觉得阅读很困难，不妨试试找一本有声读物。写作文有困难，你可以问问老师是否可以改成口头作文，用语言表达你的想法。正如希夫常说的，"登上山顶的路从来不只一条"。发挥你的创造力，你一定能找到属于自己的成功之路！

技巧3：多用积极词汇

有时候，实现目标很大程度上取决于你如何表达它。希夫指出，用积极的语气而非消极的语气来陈述目标，会让你更有可能实现它们。因此，不要说"我不想失败"，试着说"我会成功"；不要说"我不想在学校表现很差"，试着说"我要取得优秀的成绩"。

迈克尔

只要条件允许，我就会使用这个技巧。我常常提醒自己要保持积极的心态，这真的很有效！当你用积极的方式去表达和思考时，你就更有可能实现目标。

勇于挑战自我

任何有挑战的事情都需要付出努力。无论你是像迈克尔一样想成为最好的篮球运动员，还是像普丽莎一样想成为伟大的艺术家，都需要挑战自我。我们已经讨论过"挑战性目标"和"可达成目标"，这两者都很重要。设定挑战性目标就是在激励自己不断学习和成长。记住，许多事情在我们真正去尝试之后，就会发现它们并没有想象中那么难。

技巧1：大声说出来

有些人不愿意设定目标，因为他们担心自己无法实现。但其实，设定目标本身就是一种积极的行动，它能帮助我们明确方向并激发动力。我们建议你尝试大声说出自己的目标！你可以站在镜子前，坚定地、大声地把目标说出来。重复这个过程，直到你和镜中的自己都相信，你有能力实现它。

马特奥

每天早上，我都会用"司令"般的语气大声说出我的目标。这不仅有趣，而且非常有效。大声宣告目标，能让你更坚定地去实现它，这听起来是不是有点神奇？但事实证明，它确实能够帮你更接近目标。

技巧2：告诉别人

如果你在实现目标的过程中遇到困难，这可能意味着你需要更多的动力和外部支持。或许你会觉得难以置信，但将你的目标告诉那些对你很重要的人——比如父母、老师或者朋友——往往能带来意想不到的帮助。他们会鼓励你，给予你信心，甚至在你需要的时候伸出援手。

普丽莎

每月初，我会写下目标交给爸爸，他将其贴在卫生间的镜子上。这张清单时刻提醒我目标所在，激励我朝目标前进。

你最不愿意看到的，莫过于让别人知道了自己的目标，却最终未能实现它。然而，将目标告诉身边的人，他们的关注和支持会转化为一种无形的动力，推动你不断前进，帮助你实现目标。

技巧 3：设定有意义的目标

有些目标充满乐趣，而有些目标则可能让人感到头疼。许多学生都渴望努力学习，取得优异成绩，但在实际过程中，往往很难持续地激励自己去实现这一目标。我们强调要让目标变得有意义，时刻提醒自己为什么设定提高学习能力的目标，以及为什么这样做是值得的。这种自我反思的过程能够帮助我们深入理解目标背后的价值，从而激发内在的动力，让我们更有信心和决心去实现目标。

日志提示

请写下三个具有挑战性的目标,并分别设定期望实现的时间:一个月内、一个学期内和一年内。然后,请思考并回答以下四个问题。

1. 想到这些目标,你会感到害怕吗?

2. 关于这些目标,你最担心的是什么?

3. 为了实现这些目标,你需要哪些资源或帮助?

4. 你可以请谁来支持你实现这些目标?

第 6 章
如何高效记笔记

记笔记有许多好处，它不仅能助力你学习与复习知识，还能帮助你专注于课堂上老师所讲授的内容。然而，对于有注意缺陷多动障碍的学生而言，记笔记往往是一项极具挑战性的任务，因为它需要将注意力分散到多个方面，例如一边听讲一边书写，或者一边阅读一边记录。记笔记本质上是一种多任务处理的过程，一旦难以集中精力，便很难高效地完成笔记记录。但值得庆幸的是，我们学习小组已经想出了一些实用的技巧来应对这一难题：保持笔记的整洁与清晰，改掉懒散的习惯，以及对笔记内容查漏补缺。

保持笔记的整洁与清晰

　　你有没有过这样的经历：你在课上疯狂地记笔记，但字迹很潦草，最后发现自己都看不明白。这种困境在注意力难以集中的孩子中尤为常见，他们常常把笔记写得杂乱无章。如果你也正为此烦恼，别担心，那么请继续往下看，这些实用的小技巧将帮助你轻松保持笔记的整洁与清晰，让你的学习更加高效。

技巧1：重写笔记

你复习笔记时是否感到困难？如果是，那就在课后尽快整理和重写笔记。此时，你对课堂上所记录的内容记忆犹新，能够更容易地回忆起细节，从而使笔记变得更加完整。

马特奥

这个技巧帮助我巩固了所学内容，因为它让我在重写的过程中不得不重新回忆课堂知识，从而加深了记忆。

课后及时把笔记重新誊写整齐，确保自己能看得懂。这样一来，不仅为后续复习功课提供了清晰的笔记，而且有助于巩固刚刚学到的知识。

技巧2：用不同颜色的笔

我们复习笔记时很容易感到枯燥乏味，甚至昏昏欲睡。为了改变这种状况，希夫为我们分享了一个非常实用的小技巧，让笔记变得生动有趣。他建议使用不同颜色的笔来区分笔记内容：用黑色笔记录普通知识点，用红色笔记录重要知识点，用绿色笔记录那些尚未理解、需要后续复习的内容。你可以根据自己的喜好选择颜色搭配，这样不仅能让笔记看起来井井有条，还能在视觉上增加趣味性。希夫还提到，研究表明，这种彩色标记的方法能够有效增强记忆效果。

技巧3：扩大行距

正如我们之前提到的，许多学生的笔记常常因为过于潦草而难以辨认。解决这个问题还有一个办法，就是扩大行距，在每一行文字之间留点空间，避免将文字或图表写得密密麻麻。在纸上适当留白，不仅能让笔记看起来更加清晰、易于阅读，还能为后续补充内容提供空间。

改掉懒散的习惯

我们在生活中经常会看到一些不太好的习惯，比如咬指甲、天天窝在沙发上看电视、吃太多垃圾食品等。毕竟，人无完人。同样，在学习过程中，记笔记也常常因为习惯不佳而变得低效。学习小组也想出了一些实用的小技巧来帮助你改掉这些坏习惯。

技巧1：随身携带一支笔

你有没有过这样的尴尬经历：到了教室才发现自己忘记带笔？如果你没有笔，你很显然记不了笔记，这无疑会给学习带来不便。为了避免这种情况，无论是在学校、图书馆，还是在其他任何学习场所，我们都要养成随身携带书写工具的习惯。

亨特

对我来说，我的笔就像滑板一样——我走到哪儿就带到哪儿。

请试着找一支你最喜欢的笔，我知道这听起来有些不可思议，但是在学习小组里，我们每个人都有自己钟爱的笔。选择并准备好适合自己的文具，这是走向成功的第一步。

技巧 2：分开记录，及时复习

许多同学都有记完笔记后就再也不复习的坏习惯。为了克服这种情况，你可以将笔记内容分别记录在笔记本的左右两边。具体操作是这样的：把笔记本的内页左右对折，压出一条折痕（就像热狗面包一样）。在左边写下你需要记住的术语，在右边记录对应的定义。当你准备考试时，将纸反过来折叠，只露出术语部分，尝试用自己的话去解读这些术语，然后再对照你之前记录的定义进行核对，这个方法可以帮助你最大限度地利用自己的笔记。

技巧 3：让笔记变得很酷

我们很多人都很难把注意力集中在笔记上。我们完全理解——单调的白纸确实容易让人感到乏味！但如果你的笔记本变得有趣呢？你可以在笔记本上画一些图案，或者用小贴画来装饰它；也可以用不同颜色的笔记录内容，或者用彩色荧光笔把重点内容标记出来。

普丽莎

我喜欢这个技巧，因为它能让笔记充满艺术色彩，让记笔记的过程变得精彩有趣。

有趣的笔记本可以减少外界的干扰，让你把注意力集中在笔记上。

对笔记内容查漏补缺

尽管有上面提到的这些技巧，你仍然可能会发现笔记不够完整。当然，你可能已经尽力把笔记写得干净整洁，并且改掉了我们讨论过的那些坏习惯。但是，即使你付出了这些额外的努力，你的笔记可能依然"差了那么点火候"（当亨特的爷爷觉得某件事不够好时，他就会这么说）。如果你发现自己尝试了各种方法，但笔记似乎还是不尽如人意，那么下面的这些小技巧可能会为你带来新的启发和帮助。

技巧1：寻求老师的帮助

如果你觉得在课堂上很难把笔记写完整，那就去找问题出在哪儿。下课或者放学后，如果你觉得有必要，可以请老师和你一起回顾笔记内容。遇到问题时，要积极向老师寻求帮助，他会帮你指出笔记中遗漏的内容。这种额外的努力不仅能帮你改进笔记，还能向老师展示你认真学习的态度。

迈克尔

这就像我打篮球时会主动进行额外练习一样。教练和老师都很欣赏我付出的额外努力，当然，这也帮助我提高了自己的（学习）技能。

技巧2：对照老师的笔记

你可以礼貌地问老师是否愿意借给你一份他的笔记，这样，你就可以对照补充自己漏掉的内容。小提示：如果老师看到你确实先写了笔记，这个技巧的效果可能会更好！当老师看到你学习认真，又尽最大努力学习，他们通常会愿意帮助你。

技巧3：要一份课程大纲

课程大纲就像一节课的"地图"，它们在高中和大学课程中很常见，但一些小学和初中老师也会使用。如果老师没有提供课程大纲，不妨主动问问老师是否愿意帮你准备一份。详细的课程大纲可以帮助你提前了解课堂内容，记笔记时就会更有针对性，效率也会更高。

技巧4：找个笔记伙伴

我们甚至会把这个技巧推荐给那些记笔记已经很出色的同学。你可以在班里找一位成绩优秀、笔记做得好的同学，与他结成"笔记伙伴"。上完课后及时借阅他的笔记，用他的笔记来补充你漏记的内容。同样，他也可以这样做。即使是很会记笔记的同学也可能时不时漏掉一些知识点，所以找一位笔记伙伴对你们双方都有帮助。这是一个双赢的策略！

日志提示

请拿出你的笔记本,看看你昨天的笔记。现在请把它们重新整理一遍,然后思考下面的问题。

1. 你花了多长时间?

2. 这样做累吗?

3. 这样做有没有让你更好地理解知识点?

4. 看到干净整洁的笔记,你有什么感觉?

第 7 章
提高学习效率

对于有注意缺陷多动障碍的孩子来说，他们在学校表现不佳的一个主要原因是缺乏有效的学习技巧。这使得他们很难高效地吸收知识并取得好成绩。这一章主要是帮助你保持条理性，学会复习，并激发学习动力。要想在班级中脱颖而出，取得优异的成绩，最好的方法就是培养良好的学习习惯，提高学习效率。

保持条理性

学习压力让你喘不过气，作业总是拖到最后一刻才交，学习计划乱成一团……这些场景是否似曾相识？虽然这些可能是你日常学习中的常见困扰，但它们本不该成为常态。提高学习能力最简单的一个方法就是保持条理性。或许你会对此表示怀疑，但不妨试试以下这些技巧，然后观察自己是否能变得更加有条理，以及学业成绩是否有所提升。

技巧1：计划表

我们都曾有过因为忘记复习备考而手忙脚乱的经历。解决这个问题的一个办法就是制作计划表，将所有需要完成的学习任务，无论是短期的还是长期的，都清晰地列在上面。这张计划表应该大小适中，便于随身携带。一旦老师布置了作业或通知了考试时间，就立刻将它们记录在计划表上。每天多次检查计划表，确保不会遗漏任何任务。养成制作和使用计划表的习惯，不仅能帮助你清晰地了解学习进度，还能让你更高效地安排学习时间，让学习变得有条不紊。

迈克尔

当我把学习任务安排得井井有条时，我发现我的思路也变得更加清晰。

技巧2：日程表

现在你已经有了一张计划表，下一步就是制订日程表。最有效的方法是每天晚上为第二天制订详细的日程表。把一天中的每件事都列进日程表里：计划什么时候起床，什么时候吃早餐，什么时候写完作业，什么时候和朋友出去玩等。不过，也不要把自己的日程安排得过于紧凑，因为很多事情往往比你预想的要花费更多时间。合理分配时间，并坚持按照日程表行事，你会发现自己的办事效率显著提高，学业成绩也会随之提高。

普丽莎

这个技巧对我来说很有效。完成日程表上的事情让我很有成就感。我每完成一项任务,就会把它画掉,还会在旁边画一颗小爱心,这让我很开心。

技巧3:计时

正如我们在前面提到的,对于有注意缺陷多动障碍的学生来说,完成任务往往比计划的时间要长。比如,老师说,马上要小测验了,你需要认真复习2个小时,你也把"复习准备小测验"写在了计划表和日程表上(你真棒)。但是当你开始学习的时候,可能会出现分心、坐不住的情况,不停地从椅子上站起来,2个小时过去后,你才意识到自己实际上只专注学习了大概20分钟。在这种情况下,你可以用钟表来帮助自己监控时间,设置一个计时器或者周期性的提醒。如果发现自己分心走神、学习效率不高时,这些工具都可以帮助你调整状态,重新投入到学习中。

技巧4:合理安排周末时间

周末是放松时刻,可以让生活的发条适当地松一松。然而,有时我们仍然需要完成一些必要的作业。如果老师或学校在周末布置了作业,你可以制订一个日程表,安排好周末的事情。以我们的经验来看，如果你抱着"走一步看一步"的心态，指望在闲暇时顺带完成作业，很可能会陷入困境。你最好在周五放学后花几分钟制订一个周末的日程表。别忘了在日程表中安排上体育锻炼、和朋友玩以及休息的时间，有时甚至需要预留出短途旅行的时间。在制订计划时，要提前规划好，因为很多事情都要比预想的花费更多时间。

学会复习

就像希夫经常告诉我们的那样，你有多聪明并不重要，取得好成绩的关键在于努力学习。努力学习的一个重要方法是及时复习学过的知识。为了帮助大家更高效地复习，我们学习小组总结了一些实用的小技巧。

技巧1：循序渐进

有很多关于死记硬背的研究，这些研究几乎得出了相同的结论：**不要这么做！** 对于有注意缺陷多动障碍的学生来说尤其如此，因为他们可能一开始就很难记住知识。希夫告诉我们，如果你计划在考试前复习4个小时，那么最好连续4个晚上，每天晚上复习1个小时，而不是在考试前一天晚上一口气复习4个小时。通过循序渐进地复习，你更有可能记住知识，取得好成绩。

技巧2：模拟考试

在准备即将到来的考试时，做一做之前的类似考题是非常有效的复习方法。如果老师准备了一份模拟试题，我们强烈建议你好好做做这份模拟试题。在大多数情况下，模拟试卷上的题目与正式考卷上的题目会非常相似。如果老师没有提供模拟试题，那么你至少应该把之前的测验试卷复习一遍，因为这些试卷里可能会出现类似的考题。这虽然会增加你的学习任务，但是很值得去做。

技巧3：睡前再复习一遍

每天晚上睡觉之前，先复习一下当天的知识，然后再躺到床上闭上眼睛，在脑海里过一遍这些知识。

马特奥

我喜欢这个小技巧，因为它不仅有助于我第二天的学习，还能让我调整好心情准备入睡。睡前回忆知识也会让我忘记其他事情，当我回忆完的时候，实际上我已经进入了梦乡。

希夫告诉我们，有很多关于睡前学习的研究表明，无论学习的内容是什么，睡前学习都能提高记忆力。这使得学习事半功倍，听起来是不是很棒？

83

技巧 4：使用抽认卡

这个小技巧可谓"技巧虽老，效果却好"。复习知识的时候，请试着在卡片正面写一个问题，在背面写下答案。接着从一堆卡片里抽出一张，回答问题，然后把卡片翻过来检查你的答案是否正确。听起来很简单，对吧？只是要注意一点，你必须随机抽取卡片复习，这样你才能真正知道答案，而不是按顺序去死记硬背。

激发学习动力

有些孩子确实对学习不感兴趣，如果能整天和朋友一起出去玩，做自己想做的事，那不是很好吗？然而，现实并非如此。学习新事物，即使是学习学校里的课程，也可以变得很有趣。但遗憾的是，很多学生，尤其是有注意缺陷多动障碍的学生，往往难以找到学习的动力，甚至觉得学习是一件很难的事情。而学习动力可能就是一个人成功和失败的不同之处。所以我们学习小组总结出了一些技巧，帮助你从沙发上爬起来，开始学习。

技巧 1：固定时间学习法

许多有注意缺陷多动障碍的学生缺少学习动力的一个原因是，当需要学习的时候，他们宁愿做 10 件与学习无关的事情，也不愿意坐下来好好学习。解决这个问题的一个有效方法是固定时间学习法。让你的朋友和家人知道你每天有一个固定的学习时间，你不希望被任何人打扰。请你关掉手机、平板电脑、电视和其他让你分心的电子设备。有些学生喜欢在门上挂一个"请勿打扰"的牌子，然后回到自己的房间，或者餐桌旁，或者在任何你觉得自己学习效率最高的地方，开始学习。每天都腾出一段固定时间来学习，不被其他事情干扰，你会惊讶地发现自己已经有足够的动力进行高效学习。

亨特

当我妹妹总是不打招呼就随意进出我的房间时，我发现这个小技巧超级有用。在门上挂上"请勿打扰"的牌子，能让她清楚地知道，她不能在我学习的时候打扰我。

技巧2：选择你学习的最佳时间

你是习惯早起，还是夜猫子？吃过午餐后你的精力是最充沛的吗？我们大多数人在一天中都会有一个学习效率最高的时间段。如果你不确定自己的这个时间段，可以做个小实验。在一天中的不同时间段安排学习任务，观察自己在哪个时间段表现得最为专注和高效。确定了合适的时间段之后，你就可以把大部分的学习任务安排在这个时间段。你会发现，在合适的时间学习，不仅会让你更有动力，还能提高学习效率。这就是我们学习小组成员们常说的"学问勤，学法巧"，学习要讲究效率和方法。

技巧3：设置阶段性奖励

当老师布置了一项大作业时，我们往往都不知道从何入手，这种巨大的压力让我们觉得没有能力完成它。你可以试着把大作业分成几个小部分，每完成一小部分后，就给自己一点奖励。比如，在读完一本书的特定页数，或者做了一两个小时科学课的实践项目之后，可以吃一口你最喜欢的食物，或者做几分钟开合跳。每完成一小部分，都能够激励你继续前进，而一次小的成功，将会为你带来更多的信心和动力！

日志提示

请制订一个详细的日程表。每天从早晨醒来的那一刻起,到晚上睡觉为止,将这一天中所有要做的事情都列进计划表里。每天务必安排一个固定的时间来学习。举个例子,你可以这样写:早上7:00起床;7:10洗漱;7:30吃早餐;7:45赶公交车……请尝试按照你的日程表做事,如果发现某些安排不合理,就及时调整。比如,如果你需要更多学习时间,可以适当压缩洗漱时间。当一周结束时,请回顾一下你的日程安排,并思考以下问题。

1. 你的效率是提高了还是降低了?
2. 遵守日程安排是否很困难?
3. 你每天都坚持学习吗?
4. 你是否每天都会查看日程表?
5. 制订日程表对你来说很难吗?

第 8 章
专注力提升有妙招

如果要说哪一件事是有注意缺陷多动障碍的学生很难做到的，那就是集中注意力。注意力不集中是注意缺陷多动障碍的核心特征之一。从我们的个人经验来看，思绪的飘散或被外界干扰而分心并不是一件好玩的事情。因此，我们要做的第一件事就是清理杂乱无章的环境——无论是内心环境还是外部环境。在这一章中，学习小组将帮助你提升专注力，让内心平静下来，并持续保持学习的动力。

锁定学习目标

如果你都不能把注意力集中在学习上，你如何能实现学习目标呢？我们理解你的感受。你知道要在课堂上集中注意力或者完成作业，但有时候你的注意力就是不由自主地被其他事情所吸引。那么，你如何才能始终铭记自己的学习目标呢？以下是我们总结的一些小技巧。

技巧1：把目标写在日历上

假如你月底要交一份作业，从现在到截止日期还有充裕的时间，你很可能会分心、磨蹭，甚至彻底忘记这件事。你可以将作业的截止日期清晰地标注在日历上，这样就不会忘记了。

普丽莎

在日历上，我不仅标注了作业的截止日期，还会写上完成作业后给予自己的奖励。这种双重提醒让我能更专心、更有动力地去完成学习任务。

技巧2：问自己一些问题

为了让你的注意力集中在学习目标上，你可以问自己一些问题："我觉得今天的课程主题是什么？我觉得老师要讲哪些内容？为什么我觉得这些内容很重要？"接着，在脑海里为每个问题构思答案，并留意课堂上老师的讲解，验证你的答案是否正确。玩这个游戏可以帮助你在课堂上始终保持高度专注，不偏离学习目标。学习小组还发现，这个技巧还能帮助我们更好地学习知识。

技巧3：减少看电子屏幕的时间

当然，我们明白这是一个颇具挑战的问题。毕竟，我们都喜欢电视、电脑、手机、平板。不过，研究发现，长时间使用电子产品会影响专注力。然而，生活在现代社会，完全远离电子产品几乎是不可能的，但是如果你能尽量减少使用电子产品的时间，你可能会发现自己的专注力有所提高，所以为什么不试一试呢？

让内心平静下来

许多杰出的运动员，比如我们学习小组的成员迈克尔，常常提到要让自己进入"最佳状态"，那是一种他们能够体验到"隧道视觉"的状态，能够让他们将全部注意力集中在当下的任务上。而要达到这种状态，一个有效的方法是让自己内心平静下来。这种平静是一种放松且自在的状态，能够显著提升你的专注力。在希夫的帮助下，学习小组已经总结出了一些小技巧来帮助你平静下来。

技巧1：放空自己

在任务开始之前，请先花几分钟让自己的大脑"冷静下来"。找个舒服的姿势坐下来，用鼻子深吸一口气，不要只吸进胸腔里，也要把气吸进腹部，让肚子微微鼓起来，然后用嘴呼气，想象所有的紧张感涌向你的脚趾，最终在脚下消散，接着重复这个过程。通过这种方式，你可以让大脑冷静下来，放松身心，清空杂念，从而更好地进入专注状态。

亨特

早晨，我喜欢先让自己放松一下，然后再开启忙碌的一天。

技巧2：保持学习环境的干净整洁

从个人经验来看，我们发现许多注意力不集中的学生往往身处杂乱的学习环境中，而这种环境很难让人平静下来。想象一下，当你的书本乱堆在一起、摇摇欲坠，口香糖的包装纸随意丢弃，脏衣服堆积如山时，你又怎能在这样的环境下集中注意力呢？因此，请确保自己有一个干净整洁的学习环境，就像你希望自己有一个条理清晰的思维一样。如果你的学习环境已经很整洁了，你可以再整理一下其他房间。干净整洁的环境不仅能让你身心舒畅，还能帮助你进入更高效的学习状态，你会发现自己的专注力也随之提高了。

适当放松，缓解疲劳

我们每个人都会有学习效率很高的时候，或许是因为我们对学习内容充满兴趣，或许是因为第二天有一场重要的考试，时间紧迫。不管是什么原因，在这些时刻，我们想要尽最大努力保持这种高效的状态。那么，不妨试试下面这些小技巧，帮助你保持这种势头，直到完成目标。

技巧1：休息一下

希夫告诉我们，研究表明，在学习了45～60分钟之后，你应该休息5～15分钟。如果你连续学习超过一个小时而不休息，就很难保持最佳学习状态。不过，休息时间也不宜过长，

5~15分钟比较合适。你可以利用这段时间吃点零食，或者做几个开合跳，然后继续学习。

迈克尔

当我运动的时候，比如打篮球，过了一会儿，我的肌肉就需要休息了。学习的时候也一样，我需要时不时让大脑休息一下，帮助大脑恢复状态。

技巧2：深呼吸

另一种摆脱疲倦的方法是深呼吸。如果你一直在学习，觉得有点累，又不想长时间休息，那么可以试着做几个深呼吸。理想状态下，你应该用鼻子深吸气，用嘴缓慢呼气。你可以随时随地使用这个方法。

马特奥

我发现这个小技巧特别有用，因为我在学习时很容易感到疲惫。当我深呼吸时，我会像超级英雄一样挺起胸膛，那种感觉真的很棒！

技巧 3：做拉伸动作

如果你感觉有点疲惫，可以站起来做几个拉伸动作。学习小组建议，你可以从椅子上起身，先向下弯腰，尽力触摸脚趾；接着，慢慢起身，再向上伸展双臂，尽可能地去摸天花板。通过上下两个方向的拉伸，你会惊讶地发现，几个拉伸动作就能让你精力充沛，继续学习。

技巧 4：吃点零食

有时候，我们会因为饥饿或者低血糖而无法集中注意力。这种情况下，缺乏专注力会让你完成作业的时间比预期的更长。因此，你休息时可以吃点水果、士力架、坚果，或者任何你觉得能补充能量的食物。下次当你发现自己难以专注学习时，也许你需要的只是补充一点能量。

日 志 提 示

请父母或老师帮你找一个免费的、专门针对孩子的专注力练习。完成后，请写下你的感受，并思考下面的问题。

1. 你喜欢这个练习吗？

2. 你觉得这个练习无聊吗？

3. 在练习过程中，你睡着了吗？

4. 这和你期待的一样吗？

5. 当你完成这个练习后，你最先感受到的情绪是什么？

6. 你想让练习的时间更长一些吗？

7. 你还会再尝试类似的练习吗？

第 9 章
增强记忆力

当你想不起来某些问题的答案时，它们去哪儿了？就好像有一阵风把它们卷走了。其实，记忆力并非与生俱来的能力，恰恰相反，就像许多技能一样，记忆力也是可以通过练习逐步提高的。希夫告诉我们，训练记忆力和饮食一样重要，因为这是我们一生都会用到的关键技能。然而，对于有注意缺陷多动障碍的孩子来说，记忆力往往是一个薄弱环节：他们总是忘记作业、知识点，甚至连需要记住的数字都记不住。但是，记忆力也是可以通过努力逐步提升的，我们完全有能力减少忘事的次数。下面这些实用的小技巧都是我们学习小组总结出来的，在课堂内外都适用。

作业，再也不会忘了

当你忘记做作业时，是不是很懊恼？或许是忘了把作业记下来，又或许是没有听到老师布置作业。有时候是做完了作业可是忘了交，或者是把作业落在家里了……真是太烦人了。如果你也有这些烦恼，你可以试试下面的小技巧。

技巧1：把作业放在一个固定位置

一个帮助你记住作业的好方法是把所有作业都放在一个固

定位置，比如桌子上的某个区域。你也可以把作业记录在笔记本里——关键是要选择一个你经常查看的地方。你甚至可以在卧室的门上贴一张便条，上面写着"检查作业"，每次进出房间时都能提醒自己。

亨特

如今，我的书桌上有个整洁有序的区域，我会把所有的作业都放在那里。自从采用这个方法以来，我从来没有忘记过交作业。更重要的是，我也没有忘记复习备考，一次都没有！

技巧2：给自己提个醒

许多有注意缺陷多动障碍的学生容易健忘。比如，他们会忘记把书包、最喜欢的棒球帽放在哪里，或者忘记做作业和交作业。为此，可以给自己设置一个提醒。它可以是浴室镜子上的便利贴、手机上的闹钟，或者父母的提醒。一个好方法可以让你的生活变得井井有条。

技巧3：尽快完成作业

你听过"眼不见，心不烦"这句俗语吗？它的大概意思是一旦你把一件事情放在一边，你就会忘记它。这就是为什么尽快完成作业是个好主意。不要把作业往后拖,因为你很可能会忘记它。完成作业的最好时间就是现在。

迈克尔

我每天都会用这个小技巧,因为它能让我腾出更多的时间去练习投篮。

巧记知识点

希夫告诉我们,注意缺陷多动障碍会给我们的"工作记忆"造成干扰。工作记忆是大脑中负责处理和存储信息的部分。如果工作记忆的效率欠佳,那么大脑将短时记忆中的信息转移到长时记忆的过程就会遇到困难,从而导致你难以长期记住这些信息。不过别担心,学习小组已经想出了一些小技巧,帮助你更轻松地记住知识。

技巧1:编一首歌

如果你很喜欢音乐,那么这个小技巧就是为你准备的。你可以把需要记住的知识点编成一首歌,无论是关于第二次世界大战中的战役名字,各个省份的名字,还是二十四节气,如果你能把这些知识编成一首歌,你会惊讶地发现自己的记忆力提高了。

马特奥

我编了一个长长的歌单，歌单里的歌曲内容从省会到元素周期表，应有尽有。如果这个技巧对我有用，说不定对你也有用！

技巧 2：大声朗读

请你把学习的内容大声读出来。如果有些地方不允许大声说话，比如图书馆，那么即使小声念出书本上的内容，也能加深你对它们的记忆。如果图书管理员要求你保持安静，你可以默默地动嘴形——只是嘴唇在动，但不出声。这个小技巧对于那些你平时不太愿意学习的、难度较大的内容尤其有效。

技巧 3：使用首字母法

如果没有音乐天赋，不会编歌，不妨试试首字母缩略词的方法。首字母缩略词是用每个单词的首字母组成一个新的单词。你可能还记得用"ROY G. BIV"来记住彩虹的七种颜色，这个单词的每个字母代表一种颜色：红色（Red）、橙色（Orange）、黄色（Yellow）、绿色（Green）、蓝色（Blue）、靛蓝色（Indigo）和紫色（Violet）。这个方法简单又实用，对需要记住的各种知识都非常有帮助！

技巧4：备忘录

如果你总是记不住学过的知识，可以在笔记本上或便利贴上做一些简短的备忘录。这不仅能帮助你记住知识，还能通过提高专注力确保你在课堂上的参与度。举个例子，你刚刚学了阿尔伯特·爱因斯坦在成名之前是在专利局工作的，你的备忘录可以这样写："聪明的胡子大叔＝爱因斯坦，曾在专利局工作，负责专利审查。"这里记一点，那里记一点，不仅能提升你的专注力，还能让你在学习中收获更多。

技巧5：绘画记忆法

如果你有美术天赋，像普丽莎一样，你可以试着用绘画的方式来表达你想记住的内容。例如，你可以画一幅乔治·华盛顿在独立战争中横渡特拉华河与英军作战的画，这样可以帮助你记住这场具有历史意义的战役。

普丽莎

正如我想说的，你绘画时添加的细节越多，记忆效果就越好。

技巧6：嗅觉记忆法

你有最喜欢的气味吗？是薰衣草的清香、某种蜡烛的芬芳，还是其他能让人放松的香味？希夫告诉我们，嗅觉会影响记忆力。所以，不妨好好利用这一点！你可以让学习环境充满令人愉悦的香气，这样你就能更好地集中注意力，记住更多的知识。

技巧7：路线记忆法

请想想你经常走的路线——也许是你从学校回家的路。假设你需要记住太阳系里的行星，你可以想象木星在学校里最高的那棵大树顶上，土星在交通转盘的中间，火星在邻居种的红玫瑰旁边等。把你需要记住的知识放置在你熟悉的心理地图上，可以帮助你轻松回忆起知识点。

日 志 提 示

在今天的学习过程中，请尝试把你读过的内容念出来或者小声说出来。完成后，思考以下问题。

1. 这个知识点有没有记得更牢？

2. 你会更容易记住学过的知识吗？

3. 这种方法和默读相比，效果怎么样？

4. 以后你在记忆知识点时，会采用这个方法吗？

第 10 章
考个好成绩

你可能听到有人说："我就是不擅长考试。平时学习我也学会了，但一到考试的时候，我就是答不上来。"我们在考试时都会遇到各种困难，但对于有注意缺陷多动障碍的学生来说，这些困难可能会显得更加棘手。在希夫的帮助下，学习小组已经想出了一些应对考试的小技巧，比如，考试时集中注意力、理解和遵循考试要求、合理分配答题时间、把握节奏。

考试时集中注意力

有些学生在很多方面都难以集中注意力，考试时也不例外。学习小组有一些简单实用的小技巧，可以帮助你在关键时刻保持专注，尤其是在参加重要考试的时候。

技巧1：找一个安静的地方

在很多情况下，注意力不集中不仅会让人感到烦恼，而且在重要的评估活动中可能成为一大障碍。考试前，你可以问问老师是否可以在更安静的地方考试，以减少干扰，比如，教室最后一排或者考场的一个角落。你可以提前跟老师沟通，也许老师有更好的建议。找到适合自己的地方，可能是你发挥最佳水平的第一步。

亨特

对我来说，最有效的是一个空间不大且没有干扰的地方。

技巧2：消除噪声

很多学生在嘈杂的环境中很难顺利地进行考试。如果你正在读这本书，你可能会意识到对于有注意缺陷多动障碍的人来说，每一个微小的声音都可能会被放大。时钟的滴答声、窗外的鸟鸣声、旁边的同学写字的沙沙声……这些平常几乎被忽略的声音，有时却让你感到难以忍受。如果一个安静的角落解决不了问题，你可以问问老师，能否戴耳塞或降噪耳机。有时候，只需要安静一点，就可以起到很大的作用。

技巧3：把读问题变成听问题

对于任何学生来说，考试时的阅读都可能是一种挑战，因为考试本身就会带来额外的压力。然而，对于有注意缺陷多动障碍的孩子来说，这种困难可能会更加明显。别担心，这很正常。如果你有阅读困难，问问老师能不能把问题读给你听。有时候，以这种方式倾听问题，能够帮助你更好地集中注意力，在考试中发挥得更好。

理解和遵循考试要求

有注意缺陷多动障碍的孩子面临着诸多挑战,其中最为普遍的困扰便是专注力缺失。在考试时,这一问题往往会凸显为一个重大难题。无论是要求口头作答还是书面书写,倘若无法认真且准确地遵循考试要求,那么从考试开始的那一刻起,就可能陷入被动局面。如果你也有这些烦恼,不妨尝试我们学习小组总结的一些小技巧,它们能帮助你有效地理解和遵循考试要求。

技巧1:请老师换个方式解释考试要求

如果你在考试中实在无法理解考试要求,该怎么办呢?即便你已经听老师讲了几遍考试要求了,自己也仔细阅读了,但仍然感到困惑。希夫曾经无数次说过这句话:"你必须为自己发声。"换句话说,当你需要帮助时,要勇敢地说出来。

迈克尔

我第一次寻求帮助时内心非常忐忑。然而,当我鼓起勇气向老师求助后,我发现老师很乐意为我提供另一种看问题的方式,我意识到自己是多么后悔没有早点迈出这一步!

如果你真的很困惑，不妨主动去找老师，请他们再给你解释一遍题目要求，或者换一种方式解释，这样你就能确保自己明白接下来该怎么做了。在任何考试或小测验中，取得好成绩的第一步就是彻底理解题目要求。

技巧2：认真倾听

有注意缺陷多动障碍的人很难长时间集中注意力，尤其是面对枯燥的学习内容时，我们深有体会。但有时候，尽自己最大的努力真的能带来改变。当你知道考试即将开始时，试着告诉自己，要尽一切努力仔细听清考试要求。要知道，老师通常只会花一两分钟来解释考试要求。所以，请你坚持住，坐在椅子上，眼睛盯着老师，尽你最大的努力去听。

技巧3：重复要求

学习小组还发现了一个非常实用的技巧，可以帮助你更好地遵循考试要求，那就是重复一遍要求。对一些学生来说，这意味着在心里默默地把考试要求说出来，仿佛是对自己进行一场无声的提醒；而对有注意缺陷多动障碍的学生来说，默念或小声重复读一遍要求，往往能有意想不到的效果。这个方法的关键在于，在保持原意不变的前提下，试着用自己的话重新表达考试要求。学习小组建议，如果条件允许，你可以向老师复述一遍考试要求，这样老师就能确认你理解的要求是否准确无误。

合理分配答题时间

有注意缺陷多动障碍的人可能会因诸多因素而感到沮丧。对我们来说，最大的一个困难就是考试时间不够。即使我们已经从头到尾地学习和理解了知识点，但当考试结束的铃声响起时，我们经常因时间不足而无法完成考卷。幸运的是，学习小组总结了一些小技巧，能够帮助你解决这个烦恼。

技巧1：将试题分解，逐个击破

当大多数学生拿到试卷时，通常会从第一个问题开始作答，一直写到最后一个问题。然而，对于像我们这样的学生来说，完成一张完整的试卷可能会觉得压力很大。解决这个难题的一个好方法是将试题分解，逐个击破。在动笔之前，你可以把试题分成几个部分。每完成一部分之后，花几秒钟做做深呼吸，给自己一个简单的鼓励，然后继续作答下一部分。这就像那句老话所说的："如何吃下一头大象？你得一口一口地吃。"

技巧2：提前预估答题时间

考试中最糟糕的事莫过于还没答完考题就到交卷时间了。当考试结束时，试卷上还有未完成的题目，那种挫败感是难以言表的。解决这一问题的关键在于时刻关注时间。考试开始前，请先快速浏览一遍试卷，问问自己哪个部分花费的时间最长，然后为这部分内容多预留一些时间。在每个部分的旁边，用铅笔写下你预计完成该部分所需要的时间（做完这部分后，把写的时间擦掉）。当我们合理安排时间之后，就不太可能出现时间到了还没答完试卷的情况。通过时刻关注时间，你就能适当调整自己的答题节奏，按时答完试卷。

技巧3：不要卡在一个问题上太长时间

有的学生非常"执着"，一旦被某件事（某项任务）卡住了，他们就很难继续前进。这种情况也可能发生在考试中，学生会被一个难题卡住，从而影响整个考试的进度。解决方法和上一个小技巧类似：你要提前估算在每个问题上需要花多长时间。然后，无论你是否做对了这道题，只要超过预估的时间，就要立刻做下一道题。不要让自己卡在同一个问题上太长时间，否则就会耽误完成其他题目了。

普丽莎

我过去遇到难题时常常会花很多时间，导致我无法按时完成试卷。现在，拿到考卷时我会为每道题目合理分配时间，当我在一道题目上花费的时间超过预期时，我就停下来，先去做下一道题。这个小技巧帮助我按时完成考试，成绩也有所提高。

把握节奏

正如我们在本章开头所讨论的，一些学生，尤其是注意力不集中的学生，虽然掌握了知识点，但在考试中就是得不到高分。请你试试下面的小技巧，帮助自己取得好成绩！

技巧1：把握答题节奏

就像我们之前讨论过的，许多缺乏专注力的学生到该交卷时还没有答完试题。可是，还有一些学生恰恰相反，他们会急急忙忙地答卷，总是第一个做完试卷。这种仓促答卷会出现什么问题呢？如果你答题速度过快，很可能会遗漏试题的关键信息，或者粗心犯错。解决这一问题的方法就是调整自己的答题节奏，强迫自己放慢速度，稳扎稳打。如果你确实提前完成了题目，且仍有剩余时间，请务必认真检查已经完成的题目。请记住，考试时，稳扎稳打才能赢得胜利。

技巧2：先易后难

在所有考试中，最令人懊恼的莫过于做错一道非常简单的题目。如果你从头到尾按部就班地逐题作答，可能会在那些棘手的题目上耗费过多时间，甚至陷入困境。这样无谓地浪费时间，显然是得不偿失的。学习小组建议你拿到试卷后，先浏览一遍试卷，挑出所有你觉得非常简单的题目，先做这些题目，保证把这些题目做对。之后，再开始做更难的题目。

马特奥

　　我喜欢按照这样的顺序答题：先把简单的题目做完，让我更有信心去解决棘手的难题，随时准备好迎接任何挑战！

　　先做简单的题目，你可以提升自信心，让自己保持良好的心态，从而尽可能拿到高分。

日志提示

下次如果你在考试或者写作业中遇到不理解的问题或要求时，不要只是安静地坐着，假装自己不需要帮助。你可以举手问老师，寻求帮助，并思考下面这些问题。

1. 寻求帮助时会有什么感觉？

2. 老师帮到你了吗？

3. 老师是否用一种更容易理解的方式解释了这个问题？

4. 下次你再有不明白的地方，你会再次举手问老师吗？

第 11 章
克服拖延

当然，我们每个人偶尔都会陷入拖延的泥沼，总是想把不喜欢做的事情一拖再拖。然而，如果你像我们一样有注意缺陷多动障碍，那么你大概率会经常拖延。拖延会给我们带来压力、焦虑，通常还会降低学习效率。但是，只要你努力保持学习动力，立刻去做，学会管理学习压力，提前做好计划，就一定能战胜拖延"小怪兽"。

立刻去做

避免拖延的一种方法是立刻做出决定，明确地告诉自己，学业非常重要。确定目标是迈出的第一步。既然你已经下定决心要认真对待学习并克服拖延，那么你已经准备好采取切实的行动了！

技巧1：制订待办事项清单

制订待办事项清单可以帮助你分清事情的轻重缓急。理想状态下，你每天晚上都要为第二天制订一份清单。不过，清单上的事项不能安排得过于紧凑，因为生活中不可避免地会出现一些意想不到的事情。留出一些弹性空间，可以帮助你更好地应对突发情况，同时也能减轻因任务过于繁重而带来的压力。

亨特

我喜欢把一些简单的事情列到清单上，比如起床、刷牙，甚至吃饭。看着清单上的事情一件件做完，我特别有成就感，更有动力去做下一件事情。

你会惊讶地发现，通过制订清单并坚持执行，你的学习效率也会大幅提升。

技巧2：奖励自己

谁不喜欢得到奖励呢？毕竟，我们大多数人都不会无偿付出努力。父母以工资的形式得到了工作的报酬，老师因为教学而得到报酬，那你为什么不能得到奖励呢？希夫说，完成较小的任务应该给自己小奖励，完成较大的任务应该给自己大奖励。比如，完成作业后，可以奖励自己一块美味的甜点；如果在一门很难的课程中取得了优异的成绩，可以和父母商量要求得到更大的奖励。不过，你在完成任务之前不能给自己奖励，小小的奖励往往能够转化为巨大的动力！

技巧3：做好充分准备

每天都安排一个特定的时间段来做作业，你可以把这段时间当成一场比赛的开始，做一名学习型的运动员，不断挑战自己。不要等到比赛开始了才想起来系鞋带，当哨声响起时，你就要准备好出发。请提前把所有的书本和学习用品都准备好，这样你就可以在指定的时间段开始学习。坚持这样做，很快它就会变成你的习惯。我们过去最糟糕的感受之一，就是考试时间到了，我们却毫无准备。每天安排时间进行日常学习可以帮助你跟上学习的进度。这样，当其他同学因为考试而慌乱时，你已经做好了充分准备，可以从容应对考试。

技巧 4：勇敢去试一试

这是一种积极的心态。无论任务看起来多么艰巨，都要全力以赴，不要拖延，也不要轻易说"我不行"。如果你不去做，你肯定会失败。只要你尽最大努力去完成学习任务，你可能会对自己的出色表现感到惊喜。即使最终成绩不如意，你也会知道自己在哪些地方出了错，从而有针对性地去改进和提高。

技巧 5：给自己打分

你有好胜心吗？你喜欢挑战吗？给自己设计一个独特的打分系统。比如，按时做作业就给自己加 1 分，每读一页书加 1 分，完成每天的家庭作业可以加 2 分，写完一篇作文可以加 10 分。看看能不能打破昨天的纪录，如果你想成为学习小组里的作业冠军，你的目标是多少分？

技巧 6：不要向拖延屈服

如果你想停止拖延，尽快完成作业，首先要有正确的态度。正如我们在第 8 章有关专注力的讨论中提到的，有时候适当休息一下是完全可以的。然而，当你刚开始学习，或者需要开始学习，而内心却抗拒的时候，千万不要犹豫或退缩！你要告诉自己，学业很重要，而完成作业是实现学业目标的重要步骤。时刻提醒自己，当完成了一天的学习任务后，那种成就感会有多好。记住，一切都要从树立正确的态度开始！

技巧 7：发现自己的优点

这本书中的很多小技巧都聚焦于帮助你改进那些不太理想的方面。然而，在这个小技巧里，我们建议你试着找到自己做得好的方面。有没有某个特定的时间段或地点能让你的学习效率特别高？你是否发现，把某些科目安排在学习计划的开头或结尾，会让你更容易坚持下去？试着留意那些对你最有效的学习方法，并将它们坚持下去。

迈克尔

我的教练经常说："如果一个比赛计划没有奏效，那就果断调整它；如果计划进展顺利，就一定要坚持下去。"

学会管理学习压力

有时候,周围的一切都让人感到不堪重负!学习带来的压力太大了。那些缺乏专注力的学生似乎更容易因为繁重的作业而感到沮丧。不过,别担心,学习小组已经总结了一些实用技巧,帮助你保持冷静,以更加积极的心态看待问题。

技巧1:每天安排娱乐时间

你可能听过这样一句话:"只学习,不玩耍,聪明的孩子也变傻。"这句话提醒我们,学习固然重要,但也要为自己留出一些娱乐时间,否则很容易精疲力竭。这就是为什么学习小组建议每天安排一个小时的娱乐时间。

马特奥

相信我,我从来不会错过自己安排的娱乐时间,即使我休息过后还得去学习,但这段时间也能让我一整天都保持好心情。

这段时间可以和朋友在一起玩耍,也可以运动,但无论做什么,这一小时应该能让你从学习状态中完全解脱出来,真正地放松一下。努力学习,尽情玩耍——这就是我们的座右铭。

技巧 2：倾诉

如果你感觉压力太大了，那就采取行动吧！你是否注意到，当你心烦意乱的时候，倾诉通常会让你感觉好很多。同样，当你感觉压力很大的时候，倾诉也是一种很好的缓解方式。如果学校、学习和生活让你觉得负担过重，一定要和父母、老师、学校辅导员、朋友聊一聊，把你的感受说出来，会让你感觉轻松很多。

技巧 3：5 分钟法则

有时候，学习压力会大到让人觉得难以承受，甚至不想去碰作业。如果你发现自己陷入这种困境，我们建议你先给自己一个小小的承诺：告诉自己，接下来只需要花 5 分钟来写作业。5 分钟后，再看看自己感觉如何。你可能会发现自己能够再坚持 5 分钟，甚至 10 分钟。通常情况下，最难的其实是迈出第一步。试着用 5 分钟的时间去开启一个任务，这可能会让你意外地完成更多学习任务。

提前做好计划

这是希夫经常说的一句话："未来是给那些有计划的人准备的。"有时候，我们如果不提前计划，最终就会导致拖延。通过提前计划，每天学一点，你就能更好地跟上学习的进度，发挥自己的潜力，实现自己的学习目标。

技巧1：查阅课程大纲

在第6章，我们讨论了拿到课程大纲的重要性，这对克服拖延也有效。课程大纲如同学习的"路线图"，能让你清晰地知晓接下来的学习任务、作业安排。你可以把作业的截止日期标记在日历上，估算完成它们所需要的时间，然后从截止日期开始，倒推每一天需要完成的任务量。这为你提供了清晰的学习计划，也能让你更加自信地应对学习压力。如果老师没有提供课程大纲，你可以主动跟老师沟通，询问接下来的作业任务和预期要求，以便更好地规划学习任务。

技巧2：了解自己的优势和不足

了解自己的优势和不足非常重要。比如，你会写作业写到很晚吗？在压力下学习对你来说难吗？当父母催促你写作业时，你会生气吗？思考这些问题有助于了解自己的学习习惯和情绪反应，从而找到更有效的学习方法。

普丽莎

我会和父母一起进行头脑风暴，想出一些能减轻学习压力和克服拖延的方法。妈妈给了我一个带日历的笔记本，爸爸每周和我一起梳理接下来的作业安排，为学习做好准备。

日志提示

请给自己安排一些任务，并设置相应的奖励，激励自己去实现目标。确保这些奖励是你喜欢的。一旦你完成了任务，请思考下列问题。

1. 你会为了得到奖励而更努力地学习吗？

2. 你完成所有的任务了吗？

3. 在没有完成任务的情况下，你给自己奖励了吗？

4. 你下次还会用这个方法激励自己完成任务吗？

寄语：
成功离不开坚持与努力

注意缺陷多动障碍确实会给我们的生活带来许多挑战，但它也有可能是一件幸事。或许你会对此感到怀疑，但事实上，许多成功人士都有注意缺陷多动障碍。你知道世界著名的游泳运动员迈克尔·菲尔普斯有注意缺陷多动障碍吗？他多次获得奥运会游泳金牌。那你知道才华横溢的贾斯汀·汀布莱克和亚当·莱文也有注意缺陷多动障碍吗？许多像他们一样的成功人士都表示，注意缺陷多动障碍让他们更具创造力、自发性和跳出常规的思考能力。

　　正如希夫告诉我们的，每个人在生活中都会遇到各种各样的困难。无论是在运动场上进行体育竞赛、与朋友相处，还是在学习中，我们都有需要更加努力的地方。所以，请你一定要坚持下去，尽自己最大的努力。如果你和我们一样，你会发现，注意缺陷多动障碍只是你众多特质中的一个。正视它，让你成为独一无二的自己。

　　我们祝你一切顺利！

与你同甘共苦的学习小组成员

亨特、迈克尔、普丽莎和马特奥